U0897404

国家社科基金一般项目“全民终身学习视野下的国家在线教育体系发展研究”（20BSH053）

全民终身学习视野下我国在线教育体系的构建研究

Research on the Construction of Chinese Online Education System from the Perspective of Lifelong Learning for All

钱小龙　等著

策划编辑：郑海燕
封面设计：石笑梦
版式设计：胡欣欣
责任校对：周晓东

图书在版编目(CIP)数据

全民终身学习视野下我国在线教育体系的构建研究/钱小龙 等 著.—北京：人民出版社,2022.1
ISBN 978-7-01-023981-1

Ⅰ.①全… Ⅱ.①钱… Ⅲ.①终生教育-网络教育-教育研究-中国 Ⅳ.①G72

中国版本图书馆 CIP 数据核字(2021)第 232410 号

全民终身学习视野下我国在线教育体系的构建研究
QUANMIN ZHONGSHEN XUEXI SHIYE XIA WOGUO ZAIXIAN JIAOYU TIXI DE GOUJIAN YANJIU

钱小龙 等 著

人民出版社 出版发行
(100706 北京市东城区隆福寺街 99 号)

中煤(北京)印务有限公司印刷 新华书店经销

2022 年 1 月第 1 版 2022 年 1 月北京第 1 次印刷
开本:710 毫米×1000 毫米 1/16 印张:13.5
字数:200 千字

ISBN 978-7-01-023981-1 定价:60.00 元

邮购地址 100706 北京市东城区隆福寺街 99 号
人民东方图书销售中心 电话 (010)65250042 65289539

目　　录

绪　　论

终身教育是当今教育思想中的国际潮流，从这一理念的提出以及确立以来，就被世界各国所接受并引起了强烈反响。终身教育理念的思想和实践对个体生活、社会稳定乃至国家的政治、经济、文化发展都具有重大影响。现如今，随着社会的高速发展，知识与信息频繁更替，我们所要面对的是一个学习型的社会，即学习和掌握知识是推动社会进步和个人发展的关键。至此，终身教育的概念正在逐渐与终身学习深度融合。当前，在线教育作为"互联网+"教育中的新兴模式，其多样的学习方式、丰富的学习资源，为全民终身学习的开展提供了便捷有利的平台。

第一节　终身教育理念的背景分析

20 世纪 80 年代，终身教育理念传入中国，终身教育和终身学习的理念受到党和学校的高度重视。建立和完善有利于终身学习的教育体系，已成为我国教育发展的重要目标。1999 年 1 月，在国务院批准转移的《21 世纪教育振兴行动计划》中，教育部首次将表述改为"构建知识经济时代全民终身学习体系"。它明确指出，到 2010 年，"基本建立终身学习制度，为国家知识创新体系和现代化建设提供充足的人才支持和知识贡献"。同年 6 月，在《中共中央、国务院关于深化教育改革,全面推进素质教育的决定》中,又明确提出了建立终身学习制度的要求。2010 年,《国家中长期教育改革和发展规划纲要(2010—2020 年)》将终身教育体系建设作为 2020 年教育战略目标之一。[①] 2019 年,党的十九届四中全会审议通过的《中共中央关于坚持和完善中国特色社会主义制度、推进国家治理体系和治理能力现代化若干重大问题的决定》提出,坚持和完善统筹城乡的民生保障制度,满足人民日益增长的美好生活需要。服务全民终身学习的教育体系建设,是民生保障的题中之义,具有重大的战略意义。由此可见,全民终身学习体系建设成为我国全面建成小康社会的重要标志,构建服务全民终身学习的现代教育体系和建设学习强国成为实现两个一百年的重大国家战略。[②]

第二节　相关概念界定

在阐述两者关系之前,本书先对终身学习概念的提出、在线教育的概念以及在线教育体系的发展作出详细解释。

一、全民终身学习

终身教育和终身学习的思想和实践起源于 20 世纪 60 年代,其主要创始人是法国当代著名成人教育家保尔·朗格朗(Paul Lengrand,1965)。[③] 保尔·朗格朗在担任联合国教科文组织成人教育司司长期间,首次通过对教育的重新理解和定义,把教育视为贯穿一生的发展行为,使家庭教育、学校教育和社会教育不再分离,构建民主的终身教育体系。国内外有关学者对终身学

① 于蕾:《我国终身教育体系构建研究述评与展望》,《继续教育研究》2016 年第 5 期。

② 徐莉、杨然、辛未:《终身教育与教育治理在教育现代化中的逻辑联系——实现中国教育现代化 2035 的思考》,《中国电化教育》2020 年第 1 期。

③ 胡红梅:《现代远程教育与终身学习体系的构建》,《内蒙古民族大学学报(自然科学版)》2008 年第 2 期。

习的内涵持有不同的观点。富尔(Faur,1972)在《学会生存:教育世界的今天和明天》中阐释了终身学习对人生存与发展的重要性,他认为"教育过程的重心必须转移,应把重点放在教育与学习过程的自学原则上,而不是放在传统教育学的教学原则上,学习应该贯穿人的一生,每个人必须终身不断地学习"①。戴维(Davy,1976)认为,终身学习是人一生经历的所有正规、非正规以及非正式的学习。在相关学者的引领下,终身教育研究与实践逐步转向以学习者为中心。1976年,联合国教科文组织在内罗毕召开会议,认为终身学习表达了学习者的权利,突出了学习者在终身教育中的地位,建议将"终身教育"改为"终身学习",将学习主体延伸至全体公民。② 布希尔(Boshier,1980)则强调终身学习的常态化和合法化,他将学习视为人们生活中的正常事情,是潜在人权。③凯博曼(Chapman,2006)等认为,许多国家其学校类型的教育机构无法满足社区所有成员的学习需求,这种状况影响了人们更为广泛地参与或融入社会活动,导致社会经济发展与民众日常生活发生偏离。④ 无论学者对终身学习内涵的理解是基于何种视角,但有一点是达成共识的:终身教育包括一个人一生中接受的各种教育的总和,包含教育的一切方面,终身学习并不是指某个部分,而是一个整体。我国在"十四五"规划期间,将教育事业发展的重心从构建终身教育体系向构建服务全民终身学习的教育体系转移⑤,将围绕服务全民终身学习需求这一目标为基础,融入终身教育的理念,确保每个公民终身学习的权利。综上所述,全民终身学习是建立学习型社会的基石,也是我国

① 联合国教科文组织国际教育发展委员会:《学会生存:教育世界的今天和明天》,教育科学出版社1996年版,第201、203页。

② 贾凡:《三大理念解析:终身教育、终身学习与学习化社会》,《职教论坛》2010年第16期。

③ Boshier R., *Toward a Learning Society*, Canada Vancouver, Learning Press, 1980, p.107.

④ Judith Chapman, Patricia Cartwright, E.Jacqueline Mcgilp, *Lifelong Learning, Participation and Equity*, Berlin, Springer Netherlands, 2006, p.22.

⑤ 吴遵民:《服务全民终身学习教育体系构建的若干思考——基于服务与融合的视角》,《中国远程教育》2020年第7期。

教育体系发展现代化的必然要求。

二、在线教育

在线教育是指通过互联网等数字化媒介手段进行学习和教学的教育形式,它充分利用互联网技术创新所提供的各种条件,突破时间和空间的束缚,形成不同于传统面对面授课的全新教育方式。① 我国早期的在线教育又称为远程教育或网络教育,主要集中在高等院校。远程教育在我国的发展又大致经历了三个阶段。第一个阶段为函授教育,这种形式为我国培养了许多人才,但是也存在极大的缺陷。比如说,近几年函授教育的形式比较滞后,主要体现在教学服务方面,其次体现在函授教育的教学质量有所下降,函授教育的宽松考试制度导致函授教育含金量下降。第二个阶段为广播电视教育,利用广播电视向学习者传播知识,以此来提高科学文化水平。这种远程教育方式和中央电视大学在世界上都享有盛名。第三个阶段则是在 20 世纪 90 年代,随着信息和网络技术的发展,出现了基于信息和网络技术的第三代现代远程教育。② 我国的在线教育发展至今,经历了数字化教育、"互联网+"教育、移动+教育、智能+教育(AI+教育)等发展阶段。2015 年以来,国家对教育信息化、智能教育等领域频频给予政策扶持及资金投入,并且加大了对在线教育机构的监管力度,推动行业的健康发展。2018 年 4 月,教育部印发《教育信息化 2.0 行动计划》,提出实施数字资源服务普及、网络学习空间覆盖等行动,推动在线教育的发展。在"互联网+"教育时代,在线教育所发挥出来的特征越来越明显。总的来说,在线教育就是依靠现代教育技术,尤其是互联网技术,满足学习者碎片化学习的需求,弥补传统教育的不足,使学习者可以不受时空的限制,自主选择老师和教育资源,满足人人皆学、时时能学、处处可学的优势。

---

① 李恒:《在线教育生态系统及其演化路径研究》,《中国远程教育》2017 年第 1 期。

② 刘延岭:《成人教育远程学习与考试系统的设计与实现》,《继续教育》2010 年第 7 期。

三、在线教育体系

近年来,随着一系列信息技术手段在教育领域的应用,教育部等相关部门出台了一系列政策,除了要提升在线教育的基础设施水平外,对在线教育的平台建设、资源和服务等方面也加大了保障力度,使得在线教育能够持续健康地发展。下面将对体系、教育体系的概念进行梳理,结合这两者的概念再对在线教育体系作出界定。

(一)关于体系

体系是指在一定范围内或同类的事物按照一定的秩序和内部联系组合而成的整体。如理论体系、思想体系、管理体系等。从宏观层面说,宇宙、星系可以是一个体系。从微观层面说,社会是一个体系,人文是一个体系,甚至每一个学科以及内含的各分支均是一个体系。它可以由许多小的子系统共同组成一个大的体系框架,而这些微小的子系统各不相同,它们在一定原则的规范与指导下,各自发挥其功能,但是彼此之间又保持着紧密的联系,从而使整个系统可以得到健康有序的发展和完善。本书中所指的体系是指为了构建学习型社会,以全民终身学习这一理念为指导原则,制定不同层次、不同种类的教育,并进行有机结合。

(二)关于教育体系

教育体系是指互相联系的各种教育机构的整体或教育大系统中的各种教育要素的有序组合。从大教育观的角度来分,教育体系有广义和狭义之分。朱敏、张永等认为,教育体系就广义而言,它涉及了管理、课程、教材、师资、经费科研等各要素的有序与有机组合,目的在于给人才培养提供全面、系统、协调一致与高效的服务。就狭义来讲,教育体系是指各级各类教育的结构体系,它包括学前教育机构、学校教育机构、业余教育机构、社会教育机构等。[①] 陈淑丽、罗洪铁认为,教育体系是一个国家根据政治、经济和文化科学发展水平所确定的各类层次教育的地位及其相互衔接和联系的系统。[②] 李忠尚在《软科学大辞典》中将教育体系定义为:各种教育活动相互联系所构成的社会体系。从纵向方面看,有幼儿教育、初等教育、中等教育、高等教育等类型;从横向方面看,有普通教育、特殊教育、职业教育等类型。在同一层次的教育活动中,有不同方式的教育;在同一方式的教育活动中,又有不同层次的教育。这些教育类型虽然复杂多样,但由于同处于一个社会形态之中,因而又具有一定的相通性,它们客观上相互依存、相互制约,从不同方面体现该社会的教育性质,满足该社会的教育需要。[③] 随着社会的进步,人们受教育水平的不断提高,我国现阶段的教育体系已经演变成一种多元化的教育体系,主要表现在以下几个方面[④]:第一,教育投资主体多元化,包括政府投入、企业投入、家庭与个人投入、社会投入等。第二,教育机构多元化。目前,国内大致情况是公立学校和私立学校并存,正规教育机构和非正规教育机构并存,且私立学校在快速发展。第三,教育形式多元化。教育形式多元化的局面,正是全民终身学习的直接体现。不仅有学历教育,还有非学历教育、职业教育、国际教育等。这样的现象也证明了,仅仅依靠传统的学校教育,已经不能满足全民终身学习的教育需求。

综上,教育体系是指以培养人为主要目的,以学校教育为主体,多种教育形式协同发展,各级各类教育之间相互衔接、相互依存、相互制约,构成内在联系的统一体,以此来满足人的全面发展和社会的教育需求。

---

① 朱敏、张永、马丽华、韩映雄、李家成:《新时期我国教育体系和学习型社会建设的新路向和新作为——“构建服务全民终身学习的教育体系”笔会系列三》,《终身教育研究》2020 年第 31 期。

② 陈淑丽、罗洪铁:《思想政治教育机制及相关概念辨析》,《思想理论教育导刊》2012 年第 2 期。

③ 李忠尚:《软科学大辞典》,辽宁人民出版社 1989 年版,第 708 页。

④ 郑功成:《从福利教育走向混合型的多元教育体系——中国的教育福利与人力资本投资》,《清华大学教育研究》2004 年第 5 期。

（三）关于在线教育体系

关于在线教育体系的界定，目前还没有相关学者作出定义。在线教育体系的构建是一个庞大的工程，它是教育体系的一个分支，是由传统教育体系演变而来的一个新的、发展性的概念。总的来说，在线教育体系是为了适应当下社会经济发展的需求、满足特定教育教学的需要，在国家政策的引导下，利用技术手段搭建各类学习平台，使得不同阶段、不同层次的学习者都能实现教育资源的共享。简单来说，就是以在线的方式开展教育教学的机构和相关要素的综合整体。① 构建在线教育体系是建立全民终身学习最有效的途径。

从目前在线教育体系的发展情况来看，我国在线教育体系包含了教育的主体（师资）、教育对象、在线平台、课程资源、质量保障几个方面。

第一，师资建设。随着在线教育规模的不断扩大，在线教师的需求也日益增加。目前，我国的在线教育教师群体主要是针对学历获取的高校网络教育，师资来源基本都是高校老师，还有一部分则是针对 K12 的校外在线辅导机构的老师。不同于传统教育的教师，在线教育的教师除了是知识的传播者外，还有可能是课程资源开发者、教学设计者以及线上教学活动管理者。所以，在线教育教师应具备教师的基本素养和要求，同时，在线教育的老师还需要有一定的信息素养，接受教学教研培训、心理学等专业培训，以此来提升教师职业能力和专业素养。

第二，课程资源。2019 年，教育部等十一部门联合印发《关于促进在线教育健康发展的指导意见》，该意见指出，推动学校加大在线教育资源的研发和共享力度，加快线上线下教育融通，扩大优质教育资源的辐射面。实施“教育大资源共享计划”，建设一批高质量在线课程，培育优质在线教育资源。由此可见，课程资源是保证在线教育顺利有效实施的核心部分。借助互联网技术，

① 彭飞霞：《中国在线学习体系的建构与发展策略》，《成人教育》2018 年第 38 期。

在线课程资源呈现出开放性、共享性的特征。我国的在线教育课程资源借鉴和学习了西方大学的先进经验,依托高校名师、名课及服务平台的优质教学资源,并将企业工程师纳入建设团队以校企合作的方式共建优质的课程资源,为终身学习者提供了高质量的课程体验。①

第三,平台建设。2000 年左右,“网络公开课”兴起,同时也促进了“精品课程”的开展和建设。2012 年,中国教育信息化在移动互联网技术的带动下,在线教育不断出现新的教育模式。2013 年,被公认为“中国在线教育元年”。在线教育的兴起推动了各类在线教学平台和工具的兴起,为学习者提供了便捷的学习环境。目前,最热门的要属慕课了。慕课即“MOOC”,全称是 Massive Open Online Coursesas,即大规模开放性在线课程。慕课最早由加拿大学者戴夫・科米尔(Dave Cormier)和布莱恩・亚历山大(Bryan Alexander)于 2008 年提出,之后在全世界迅速普及开来,特别是在 2012 年得到了飞速的发展。目前,国外慕课主要的三大平台是 Coursera、Udacity、edX。② 在我国,慕课的建设始于 2013 年,国内著名高校清华大学、北京大学先后加入美国慕课平台 edX;复旦大学、上海交通大学加盟全球最大慕课平台 Coursera;随后,学堂在线、华文慕课、顶你学堂、Coursera、edX、慕课中国、中国大学慕课、好大学在线等网络慕课平台兴起并得到了快速发展。这些教育模式相对于传统的学校教育而言具有开放性、交互性、国际化及自主性等特征,顺应了时代发展,也能够很好地体现出教育的主动性、多元化、个性化、共享性和持续性,切实践行终身教育理念。③

第四,质量保障。虽然在线教育可以为学习者提供丰富的教育资源,但仍

---

① 宋倩倩、刘振海、曹玉娟:《终身教育理念下在线开放学习模式的探讨》,《改革与开放》2018 年第 24 期。

② 张明、郭小燕:《“互联网+”时代新型教育教学模式的研究与启示——微课、慕课、翻转课堂》,《电脑知识与技术》2015 年第 12 期。

③ 宋倩倩、刘振海、曹玉娟:《终身教育理念下在线开放学习模式的探讨》,《改革与开放》2018 年第 24 期。

然需要关注受教育者的学业完成情况,建立健全的评价机制,从而提高受教育者的积极性、主动性和持续学习的热情。学分银行的出现为我国建立终身学习型社会提供了质量保障。学分银行制度,认可通过学历和非学历教育的学习成果,鼓励更多人参与开放灵活的终身学习。① 以国家开放大学学分银行为例,它是面向社会开展学习成果认证、积累与转换服务的专设机构,是面向全国的继续教育学习成果认证管理与服务体系。学习者可以学习完相关课程之后获得学分,实现不同或相同类型学习成果之间的转换和互认。国家开放大学学分银行通过自身实践,为我国学分银行的发展和各级各类地区学习成果认证中心的建设提供了宝贵的实践经验,同时也为我国推进全民终身教育的建设,实现学习型社会奠定了坚实的基础。

第三节　终身学习与在线教育的逻辑关系

在知识爆炸的今天,传统教育的教学方法,很难适应当下社会的发展需求。如今,在线教育无疑给终身学习者带来便捷之路,使他们可以不受时空的束缚,无论在什么年龄阶段,无论想要学习哪个领域的知识,在线教育都可以满足学习者的需要。在线教育是终身学习者最可靠的践行媒介。

一、终身学习引领在线教育体系构建

(一)终身学习理念明确在线教育体系的服务对象是全体民众

受全球化时代的影响,社会、经济、文化、生活等都发生着巨大的变化。这样的高速发展要求人们必须每时每刻都要更新自己的知识技能,只有通过不断的学习才能适应社会的发展。终身学习这一理念的提出,就是强调每一个

① 张伟远:《构建"资历框架为标准,学习成果认证为保障"的学分银行制度》,《中国职业技术教育》2020 年第 24 期。

社会成员为了适应社会发展和实现个体发展的需要,应该不断地接受学习和教育,更新自身的知识体系,不断增强自己的适应能力。正是在这样的社会、教育和生活背景下,这一理念在提出之初,便深入人心。全民终身学习,体现出"全民"和"终身"这两个特征,其本身就具有一定的全面性和长期性。全面性是指全体普通民众,长期性体现在包括从婴儿到老年人,每个人在不同发展阶段接受的各级各类教育。与传统教育不同,在线教育需要受教育者有更高的独立学习能力和自律能力。在线教育课程可以向受教育者提供多种不同的学习活动和教学活动,充分调动他们的学习积极性。除此之外,在线教育课程还可以提供丰富的信息资源,提供优秀的师资力量,使受教育者可以轻易获取他们想要学习的知识,从而可以进行自我规划以及自我学习步伐的调整。因此,在线教育在全民终身学习中扮演着越来越重要的角色。

(二)终身学习内涵规定在线教育体系的服务内容是包罗万象

终身教育理念的研究,打破了传统教育资源按地区、机构配置的现状,需要关注如何使原有的教育资源得到更加科学、高效的利用,以及如何实现资源按需合理流动。[①] 在线教育借助互联网技术,整合世界教育资源,实现教育资源的开放、共享和互联互通。我国在线教育的发展可以借鉴西方教育资源的先进经验,依托高校名师、专家等优质教育资源,为受教育者提供适合自己的学习课程。在线教育服务内容的多元化,也是推动全民学习的重要途径之一。

(三)终身学习属性明确在线教育体系的运作机制是灵活多变

运行机制是指组织的各个构成要素之间,以及与组织运行密切相关的外部要素之间的相互联系、作用、制约、整合而形成的稳定系统结构及其系统正

① 宋倩倩、刘振海、曹玉娟:《终身教育理念下在线开放学习模式的探讨》,《改革与开放》2018 年第 24 期。

常运行并发挥特定功能的运行状态、运转方式、活动规则的总和。[①] 在线教育的运行机制包括教育教学运行机制和商业机制。有关学者将在线教育的运作机制概括成八个组成部分[②]:第一,总体规划设计,在线教育系统的分析、设计和决策;第二,教学环境,在线教育中的信息技术和媒体教学环境建设与运行;第三,资源建设,教学系统的课程设置、课程开发与教学设计;第四,师资发展,具有在线教学能力的师资团队的建设和发展;第五,支持服务,在线学习和在线学生的支持服务;第六,教育管理与质量保证,在线教育教学管理、质量保证和学分认证;第七,成本效益和盈利模式,在线教育成本效益分析和盈利模式确立;第八,社会认可,在线教育的评估和认可。在线教育没有固定的运行模式,一个在线教育机构,要完成教育教学过程,既要遵循特定的业务流程,又要从商业的视野考虑,既要以"培养人"为最终目的,又要考虑成本,追求利益最大化。

(四)终身学习特征明确在线教育体系的存在形式是跨越时空

随着互联网技术的飞速发展,人们的生活、工作和学习方式超越了时空的限制,知识获取方式发生了根本性的变化。在线教育的学习方式使学生和教师能够不受时间、空间的限制,进行实时或非实时交互。教师的讲授和学生的学习可以在不同的时间地点里进行。学生可以自行安排学习时间和地点,自由选择学习内容,规划学习计划。各类教育资源借助互联网打破了空间的限制,使学校教育成为一种开放式教育,可以从校园传播到更广阔的领域。借助互联网技术,学校可以充分发挥精品学科优势和教育资源优势,将优质的师资力量、丰富的学习资源传播到全球各地。通过网络让师生之间以及生生之间进行全方位交流,缩短了师生之间的心理距离,增加了师生之间交流的机会。

---

① 维方:《高等教育运行机制研究》,人民教育出版社 2002 年版,第 50 页。

② 刘彦柱、杨薇:《MOOCs 和远程教育运行机制比较研究》,《中国成人教育》2017 年第 9 期。

在线教育最为显著的特点是任何人在任何时间与任何地点从任何章节可以开始学习任何课程。这样的学习方式既方便又灵活,不仅能够体现学习者主动学习的特点,还能够充分满足学习者终身学习的需要。

二、在线教育体系构建落实终身学习

(一)在线教育体系构建促进终身学习的普及化

在当今"互联网+"教育背景下,在线教育大大降低了教育投入与成本。学习者非常容易在网络上获取到教育资源,使每个人都能跨时间、跨地区享受到优质的教育资源,无论是国内还是国外,无论是中小学还是高等教育资源,这样可以消除由家庭的地理位置和硬件设施不足等带来的不便,给学习者获得平等、优质教育机会,在线教育的兴起在一定程度上也促进了教育公平的实现。就目前而言,我国教育发展不均衡,不同地区间的教育水平和教育基础设施还存在很大的差异,尤其对于贫困地区、农村地区和非名校的学生来说,享受到优质教育资源相对困难。[①] 近年来,为了实现普及在线教育、落实终身学习的预定目标,国家大力推广和宣传在线教育,通过出台相关政策、财政拨款以及社会募捐等方式,加快基础设施的建设,大力推广在线教育平台,使在线教育让更多人受益。

(二)在线教育体系构建提高终身学习的实效性

近年来,我国高度重视教育信息化建设,政府出台了一系列的政策文件积极引导在线教育的发展,先后出台了《教育信息化十年发展规划(2011—2020年)》《教育信息化2.0行动计划》《关于促进在线教育健康发展的指导意见》等相关文件。文件指出,要加强现代信息技术与教育深度融合,要充分利用现代信息技术手段,提供优质的在线教育服务,丰富现代学习方式,加快推进全

① 武晓琼、邢艳芳:《在线教育发展路径探析》,《忻州师范学院学报》2015年第321期。

民学习型社会的建设。[①] 随着2020年新冠肺炎疫情的暴发,在线教育成为常态化的模式。在线用户对于学习平台、资源和工具的需求大大提高,在线教育的发展朝着服务更加个性化、内容更加专业化、产品更加多样化的方向变革。未来,在线教育还可以通过大数据分析学习者学习情况,推送适合学习者的个性化课程。人工智能技术的发展,也会帮助学习者提高学习效率。现代技术手段的创新有利于满足学习者终身学习的需求。

(三)在线教育体系构建改善终身学习的适应性

合理化的管理,是推动在线教育发展的重要方面。在线教育的管理主要有三种:一是试点学校网络教育学院自己设置学习中心;二是试点学校与社会教育机构合作;三是试点学校与外部机构(或公司)合作。[②] 在这三种教学管理方式中,第一种方式是主办网络教育学院负责所属教学中心的人、财、物,聘用师资提供教育、教学管理等;第二种方式的优势是可以减轻压力,与合作机构共同承担学习中心的运营;第三种方式是外部机构(或公司)负责网络教育的运营和管理,学校负责教学等。这种管理机制同样能够减轻试点学校的办学压力,不足在于公司重视经济利益,注重降低运营成本,会导致网络课程的更新、教学设施的配备、优秀师资的聘用等环节问题不断,影响教学质量,导致在线教育难以维持可持续发展。目前,大多数在线教育资源建设都集中在高校或者是依靠各地区自身的要求,高校与各地区之间的教学资源独立建设,这会导致资源重复浪费。因此,高校和地区可以相互合作,明确各自的教学资源建设重点,避免人力、物力、财力的浪费,使在线教学资源可以对于不同的群体,充分且有效地利用起来。除此之外,随着在线教学形式的丰富多样,可以采用线上直播的方式,实现教师与学习者的实时交互,教师直接面向学习者,

---

① 边大成:《2020年国内在线教育发展现状、趋势及建议》,《中国计算机报》2020年第14期。

② 毛军权:《在线教学的未来发展:动向、反思与行动》,《中国电化教育》2020年第8期。

为学习者提供教学、在线答疑等，借此弱化学习中心的中介桥梁作用。①

第四节　在线教育的实施路径

近年来，随着我国加大对网络基础设施建设的资金投入，在线教育使越来越多的人群获益。国家持续关注在线教育，并坚持满足各类教育领域的需求。下面简单列举面向学历获取、面向职业发展、面向休闲娱乐以及面向课外补习的在线教育体系构建。

一、面向学历获取的在线教育体系构建

在我国，函授教育、成人高考、自学考试和远程网络教育是成人学历的主要获取形式。而就这几种形式的招生情况来看，大多数人提升学历会选择网络教育的形式。1999—2002 年，教育部先后批准 67 所普通高校和中央电大开展网络教育试点工作。② 我国网络教育存在许多优势：第一，学制相对较短，一般为 2—2.5 年。而成人高考或自学考试通常至少需要 3 年才能拿到文凭。第二，网络远程教育属于国民教育，国家承认学历，教育部网上可查询。大部分院校还是大家耳熟能详的国内双一流重点院校。例如，中国人民大学网上人大、北京大学继续教育学院网络教育等。第三，入学途径方便。大部分院校可以自行组织入学考试，学习者只需通过网上报名即可，面对专业选择，不受起点学历、文凭、专业限制。第四，学习形式自主、灵活。网络学习最大的优势就是不受地区、时间的限制，具有很大的灵活性。通过登录网络学习平台，就可在全国各地参加统一考试。第五，学习费用低廉。主要体现在这种学习形式不需要面授，大大节省了学习者的交通费、住宿费、餐饮费等。而像成

① 毛军权：《在线教学的未来发展：动向、反思与行动》，《中国电化教育》2020 年第 8 期。

② 高建军、尹北晖：《成人高等学历教育之网络教学改革探讨——基于华南农业大学成人学历教育网络教学改革的实践》，《继续教育研究》2013 年第 1 期。

人考试或者自考则需要大量的精力和财力。现代教育技术的快速发展,也使成人网络教育不断向前更新,为了顺应形势的发展,网络教育在办学理念、目标定位、教学模式、资源建设等方面也在不断改革,积极应对时代的挑战。

在国外,尤其是美国,作为慕课的发源地,美国众多高校纷纷与慕课平台建立合作关系,企图通过这样的方式向全世界各地的学习者输送高质量的课程。而美国的慕课学位项目发展至今已相对成熟,早在 2013 年 Udacity 联合美国佐治亚理工学院就推出了全球第一个完全在线的计算机学位项目。该学位项目具有以下优势:第一,学费远低于在校生获取计算机学位的费用;第二,该学位获得的证书完全等同于面授获取的学位;第三,学生在线完成一系列课程之后,有机会获得美国电话电报公司的实习机会。① 美国佐治亚理工学院的学位项目为在职工作的人群提供了获取学历的有效途径,满足了学习者个性化的学习需求。

总的来说,无论是国内还是国外,在线教育作为成人学历获取的重要手段之一,既能够满足不同人群的学习需求,又能够平衡学习者工作、生活之间的关系。在建立全民学习型社会中,面向学历获取的在线教育是不可或缺的部分。

二、面向职业发展的在线教育体系构建

2019 年 1 月,国务院印发了《国家职业教育改革实施方案》(以下简称"职教 20 条"),方案指出,要"坚持以习近平新时代中国特色社会主义思想为指导,把职业教育摆在教育改革创新和经济社会发展中更加突出的位置",为新时代职业教育改革发展制定了总体方略。可见,发展职业教育已成为促进国民经济增长、提升国家综合实力的重要决策。而现如今,互联网技术、云计算、人工智能、5G 等新兴科技对人类生产、生活产生深刻影响。相关热门专业缺

① 贺斌、黄新辉:《美国慕课学位项目何以成功.运行体制与机制之探》,《现代远程教育研究》2020 年第 32 期。

口极大,有强烈的职场需求。然而,职业教育的入学门槛并不高,想要吸引更多广大人群的参与,全面服务终身学习,职业教育必然需要互联网技术的支撑。

慕课以及网络课程的迅速发展,给职业教育提供了大量的平台,职业教育也由传统的学校教育向更加开放的教育转变。首先,国家投入大量资金给予扶持。国家或地方政府对各地高等院校、职业院校加大资金投入,鼓励"院内培训可以面向社会人群,院外培训也可面向在校学生"。① 促进学校与培训机构、企业、社区、研究机构等多方参与。其次,借助互联网技术,职业教育可以与新兴产业有效融合,为跨领域人才的职业发展提供支撑。再次,建立学分制度。目前,已有不少在线学习平台建立学分管理制度。学习者可以依据自己的兴趣爱好,选修课程,进行学分认定。学校与学校之间可以互相转换学分,人性化的设计促进了学习者职业教育的需求,同时也满足了学习者终身学习的意愿。最后,多元协同,推进优质资源共享。职业教育既有职业性又有教育性,不仅要依靠技术驱动,也要依靠需求驱动,参与主体要多元协同互动,②促进技术与教育的深度融合,加快资源共享,有效服务于学习者,推动职业教育终身化的快速发展。

三、面向休闲娱乐的在线教育体系构建

"互联网+"教育的迅速发展,使在线的课程越来越趋于多元化。随着人们生活水平的提高、娱乐用品的普及,面向休闲娱乐的在线活动也越来越受到人们的欢迎。目前,休闲娱乐的在线教育主要有两种模式:一是为了满足大众精神文化需求的在线课程。这一类课程主要是为了丰富人们的精神文化生活,并不一定以学历提升为目的,对于学习者来说相对轻松,没有过多的心理压力。二是为了满足学生群体的"教育+娱乐"的课程,即教育和娱乐相融合。

① 韩锡斌、陈明选:《互联网+教育:迈向职业教育现代化的必由之路——〈国家职业教育改革实施方案〉(职教20条)学习启示》,《中国职业技术教育》2019年第16期。

② 董文娟:《"互联网+"现代职业教育终身化的思考》,《职教通讯》2018年第19期。

在大部分人们眼中，教育和娱乐不应该融为一体，这是两个对立的概念，但随着教育理念的不断转变，人们开始逐渐接受运用信息化手段成为新的教育方式。例如，一些针对中小学课程的在线平台，将原有的单一授课课堂，利用音频、游戏、玩具、AR/VR等多种方式呈现出来，使学习氛围变得轻松活跃。带有一定娱乐性的教育内容，比较符合这些年龄段学生的认知心理及行为习惯。面向休闲娱乐的在线教育体系构建，可以满足不同人群多样化教育培训的需求，对建设全民学习、终身学习的学习型社会具有一定的积极意义。

四、面向课外补习的在线教育体系构建

我国是一个人口大国，教育资源有限、教育水平地区差异明显。课外辅导是学生用来自我提升的有效手段。随着全球互联网的飞速发展，教育信息化的发展，以及国家相关政策的出台，课外在线教育得以大力发展。2020年突如其来的新冠肺炎疫情，让各地延迟了开学的时间，各省市提出中小学疫情期间利用信息技术手段开展在线网络学习。学校教师积极应对，利用各大平台开展教学。由此可见，中小学教育已经突破传统教育的形式，逐渐向线上、课外延伸，中小学的在线课外辅导教育已成为促进中小学教育和改革的重要推动力。①

2018年，国务院办公厅相关文件指出，“努力构建校外培训机构规范有序发展的长效机制，切实解决人民群众反映强烈的中小学课外负担过重问题，形成校内外协同育人的良好局面”。课外培训，其实面对的更多是小学、初中、高中阶段的校外教育，小学阶段则是更加重视学生的综合素质，多以趣味性为主。初高中阶段则以升学为主，侧重于提升学生的学业水平。而课外辅导机构发展在线教育的主要途径有②：自主研发的在线教育平台、第三方在线教育平台、与有关企业合作开发的产品。国内比较有竞争力的在线教育平台有：百

① 高朝邦、唐毅谦、李小玲：《互联网+中小学教育》，科学出版社2016年版，第21页。

② 梁宇靖、梁斌、罗紫芊：《我国K12课外辅导机构在线教育发展现状及趋势研究》，《中国教育信息化》2018年第11期。

度教育、腾讯课堂等。这些平台的特色各不相同,都能够提供丰富的教育资源以满足学习者的需要。随着人工智能与大数据的发展,课外辅导在线教育平台扩展到在线测评、答疑、自适应学习等方面。其实,课外辅导在线教育的真正核心是教学的内容,在未来,如何利用互联网技术将现有的教育资源更好地整合与共享,打造出真正适合学习者的个性化课程,是未来课外辅导在线教育发展的方向。

第五节　研究主题

除绪论部分,本书还对全民终身学习视野下我国在线教育发展的现状进行了分析,并对全民终身学习视野下我国在线教育体系的资源建设、模型建构、运作机制、环境设计、质量保障,以及以教学者视角对全民终身学习视野下我国在线教育体系进行了调查研究,最后从在线教育体系的价值导向、典型特征、机遇挑战和发展愿景四个角度对我国的在线教育进行了全面透视,希望对我国在线教育体系的构建提供一些建议,以便积极促进全民终身学习的发展。

一、全民终身学习视野下我国在线教育体系的现状分析

近年来,终身学习的理念不断深入人心。在政策环境和经济环境不断改善、技术更新持续加速、教育需求不断上升的带动之下,在线教育应运而生,为社会提供了更多的教育服务,同时也为大众的终身学习提供了一定的保障。随着我国在线教育体系的不断完善,对全民终身学习视野下我国在线教育体系进行全面分析是十分必要的。本节将我国的在线教育体系分成在线教育政策制定、平台建设、师资配备、资源开发和质量保证五个部分。通过对我国在线教育的历史进行考察,回顾了我国在线教育体系的发展历史,同时也得出了影响在线教育体系构建的影响因素。基于对全民终身学习视野下我国在线教育体系的现状研究,总结出目前我国在线教育体系的主要特征:第一,以落实

全民终身学习理念为政策指引;第二,以促进学习者个性化发展为价值导向;第三,以建设高质量学习型社会为基本目标;第四,以推动在线教育商业模式革新为重要途径。为此,全民终身学习视野下,我国在线教育体系构建的主要任务为:第一,扩大全民终身学习的宣传和推广工作;第二,加快教育信息化基础设施建设;第三,健全在线教育法律制度和监管机制;第四,加强在线教育师资队伍建设;第五,推进在线教育资源建设和资源共享。

二、全民终身学习视野下我国在线教育体系的资源建设

信息革命时代将人类引入一个智能化的环境,也就是我们现在所处的智能互联网环境。基于这一时代背景,为了更好地接轨信息时代的发展,教育领域也出现了巨大的转折。为满足人们个性化的学习需求,各种各样的在线教育资源,像慕课、数字图书馆、视频公开课、移动智能终端 APP 等如雨后春笋般冒了出来。就个体而言,这也促使个体的终身学习意识日益增强。同时,全球对终身学习和在线教育的重视度越来越高,近年来在线教育迅速发展,国家各个领域都纷纷给予回应:政府部门、高等学校、专业协会、商业机构和社会组织都发布了相关的措施来促进这一领域的发展。这一领域的发展,离不开政府部门、教育机构、商业机构、慈善组织的扶持,在线教育发展的同时,也暴露出一系列的问题,以政府部门、教育机构、专业协会以及用户群体为主导的评价呈现在我们眼前,引发研究者的思考,也对全球在线教育资源建设进一步的优化提供了方向。

三、全民终身学习视野下我国在线教育体系的模型建构

随着《中国教育现代化 2035》的颁布,将"更加注重终身学习"作为推进教育现代化的基本理念之一,并提出构建服务全民的终身学习体系目标。同时,由于高新技术的迅速发展,教育行业在互联网的推动下日新月异,在线教育的出现响应了国家对全民终身学习的号召。本章节采用比较研究方法,以

全民终身学习和在线教育的内涵分析为切入点，展现出在线教育学习方式的多样性、资源的开放性等特征，为全民的终身学习提供有利条件。从两者的相关性进行分析，由此得出全民终身学习对国家在线教育体系的作用。从全民终身学习视野对国家在线教育的相关元素进行分析时，将元素划分为宏观层面的方针政策、理论基础等；中观层面的资源开发、平台运行、师资培训、质量保障等；微观层面的用户群体、平台企业、师资队伍、政府部门，由此构建全民终身学习视野下国家在线教育体系的模型，直观地展现目前我国在线教育的整体情况，同时指出未来我国在在线教育方面要根据我国的国情、市场等形成具有本国特色的在线教育课程建设体系；还要树立良好的基于全民终身学习视野下在线教育的理念，优质的师资力量；以及充分完善在线教育的保障体系。

四、全民终身学习视野下我国在线教育体系的运作机制

为深刻理解在线教育体系各类相关机构的运行方式、保障在线教育体系平稳运行、打破各种因机构、体制、利益形态不同的教育组织之间的壁垒，本章构建了在线教育体系的运作机制并对运作过程作出详细介绍。运作机制包含审批部门、监管部门、服务对象、教育机构、电信企业、开发机构、公共服务机构、行业协会和私人组织九大基本要素，不同的基本要素扮演着不同的角色。审批部门与监管部门对在线教育体系进行宏观调控与管理，开发机构与电信企业为在线教育体系提供网络学习环境的支持，教育机构、私人组织、公共服务机构与行业协会是在线教育体系运作机制的中坚力量，教育机构、私人组织负责开发在线教育资源、提供在线教育服务，行业协会协调政府企业，每个基本元素各自承担着重要的任务，各司其职、协调配合、相辅相成，最终达到整个在线教育体系平稳、高效、良性的运行。同时辅以典型案例，剖析在线教育体系的运作机制，并对选取的几个典型案例进行详细分析，争取从不同的组成元素入手，了解其在整个运作机制中发挥的作用，从而仔细体会全民终身学习视

野下国家在线教育体系运作机制的全貌。据此提出了满足资源需求、加强政策保障、落实经费支持、推进服务发展和加强监管协调五个相对应的策略建议。

五、全民终身学习视野下我国在线教育体系的环境设计

终身学习被各国广泛纳入国家战略，随着终身学习理念的不断推广，许多国家把终身学习作为教育的一项基本策略。然而，终身学习仍面临教师资源缺乏、学习资源不足、学习者受到时间及空间限制等因素的阻碍。在线教育的出现打破了这些阻碍，能够为所有学生提供服务，学生通过网络就可以向老师寻求帮助，从而获得资源支持、解决问题。因此，终身学习过程中无论是教师资源、学习资源还是时间、空间上的问题，在线教育都可以解决。我国教育部更是提出，要努力实现新时代人才培养新作为，建立健全国家在线教育体系。全民终身学习视野下在线教育环境构成要素通常包括学生、教师、学校和信息技术、教育内容等，遵循六大原则：教育目标差异化、教学资源条理化、教学方法多样化、教育过程情境化、学习支持有效化、教学评价人性化。教育平台、学校、政府等部门需各司其职，把好在线教育环境的质量。在线教育环境的设计一般遵循以下过程：教育目标设计、教育内容设计、教育方法设计、教育资源设计、教育评价设计。

六、全民终身学习视野下我国在线教育体系的质量保障

在线教育借助于网络技术手段，综合面授、函授和自学等教学形式，满足当下全民终身学习的发展需要，打破了传统教育中的时空限制，在构建终身教育体系的今天具有重要意义。其中质量保障是在线教育体系发展研究的永恒主题，在线教育体系质量保障虽取得不断进步，但整体现状还需要发展改进。追溯其发展历史，掌握历史长河中的发展演变，取其精华、去其糟粕，维护在线教育体系质量保障的稳定发展。列举在线教育体系质量保障现存不足，阐述

一系列质量保障的框架、评估指标体系以及对评估机构的开发,多个维度对在线教育质量保障落实举措。以实际案例进行整理和分析,同时为拓展研究视域和借鉴国际经验,分析和概括国外在线教育质量保障的维度和标准,进而为国家在线教育体系质量保障的研究和实践提供有益的借鉴和启示。在保障在线教育体系质量的稳定、推动全民终身学习的建设中,我们要响应国家的政策,探索在线教育体系质量保障的多维度发展道路,使在线教育能够科学、健康、可持续发展。

七、全民终身学习视野下我国在线教育体系的调查研究

在当今信息爆炸的时代,筛选、辨识、获取自身所需的知识,激发学生终身学习的意识,指导学生掌握终身学习的能力,迫切要求教师教育随之向终身学习导向升级。在线教育是基于互联网的新型远程教育形式,其具有消除时空限制、随时灵活开展教学、海量优质教学资源的优势,一定程度上弥补了传统课堂教学不够灵活的缺陷。这部分主要依据相关质量评估量表,构建我国在线教育评价指标体系,制作并发放调查问卷,从教学者视角调查我国在线教育体系。结果表明,教学者对在线教学形式、在线教学监管和评价环节都较为满意,而在分组教学、总结性评价等方面仍有提升空间。从教学者角度来看,可以提出以下策略建议:第一,注重课程资源调配,积极构建优质资源;第二,合理选择教学形式,发挥分组教学优势;第三,加强在线教育监管,提高自主学习能力;第四,优化考核评价体系,实现评价方式多元。

八、全民终身学习视野下我国在线教育体系的全面透视

在线教育在历史的洪流中应运而生,在疫情的助推下蓬勃发展。基于全民终身学习视野,全面透视我国在线教育体系的价值导向、典型特征、挑战机遇和发展愿景,助力推进教育改革和构建我国高质量教育体系。首先,研究全民终身学习视野下我国在线教育体系的价值导向,主要从五个方面展开叙述:

落实全民终身学习理念,扩大在线教育辐射范围;贯彻多元智能理论,提供在线教育个性化服务;秉持技术与教育深度融合思想,营造在线教育软硬环境。其次,在全民终身学习视野下对我国在线教育体系的典型特征进行总结,有四个主要特征:在线教育建设多元化,助力全民终身学习发展;在线教育发展差异化,在线教育体系"全民性"不足;在线教育治理碎片化,在线教育体系运转效率不高;在线教育衔接机制薄弱,在线教育体系"终身性"不强。再次,分析全民终身学习视野下我国在线教育体系的机遇挑战。最后,在全民终身学习视野下,提出我国在线教育体系的发展愿景,即建构节约型在线教育体系,平衡区域教学资源、建构高效型在线教育体系,提升全民学习效率、建构生态型在线教育体系,保障全民教育质量。

第一章　全民终身学习视野下我国在线教育体系的现状分析

随着信息化时代的到来，终身学习的理念逐渐深入人心。现如今，时代飞速发展，以前的种种经验正随着时间的流逝不断消散，不学习就意味着落后，不进步就是退步，要想在这个瞬息万变的社会中占据一席之地，学习是一项重要且必需的任务。在未来，人人都应该成为终身学习者以适应社会发展的需要。终身学习观念的不断普及在一定程度上也促进了在线教育的不断发展，而在线教育的产品种类丰富，几乎覆盖了整个年龄段，一定程度上也保证了学习者的终身学习。目前，我国终身学习思潮不断涌现，在线教育体系也不断完善，对全民终身学习视野下我国在线教育进行现状分析是至关重要的。

第一节　在线教育的崛起

我国对大众终身学习的要求已有一段时间，2010 年出台的《国家中长期教育改革和发展规划纲要（2010—2020 年）》提出“到 2020 年，基本实现教育现代化，构建体系完备的终身教育国家战略目标。现代国民教育体系更加完善，终身教育体系基本形成，促进全体人民学有所教、学有所成、学有所用”。随着大众对终身学习越来越重视，在线教育的出现可以为社会提供更多的教育服务。目前,在线教育的产品种类丰富,几乎覆盖整个年龄段。在线教育的不断普及促进了优质的资源共享,可以帮助深化知识经济,完善终身学习体系。[①] 近年来,在线教育以其线上无场景限制、无时间限制与个性化的定制服务的优势逐步进入大众的视野,成为一种常见的教育模式。受新冠肺炎疫情的影响,我国所有学校延迟开学,2020 年 1 月 29 日,教育部相关负责人表示:为防止疫情蔓延,延期开学是一项重要举措,但是各地教育部门也需要为"停课不停教、停课不停学"做好准备。许多学校选择采用在线教育,在线教育得到了巨大的发展。疫情期间约有 1.7 亿人在远程学习,全国在线教育体系几乎以神速拔地而起。2019 年 9 月 25 日,教育部等十一部门联合印发了《关于促进在线教育健康发展的指导意见》,其中指出在线教育是运用互联网、人工智能等现代信息技术进行教与学互动的新型教育方式,是教育服务的重要组成部分。发展在线教育,有利于构建网络化、数字化、个性化、终身化的教育体系,有利于建设"人人皆学、处处能学、时时可学"的学习型社会。这也充分体现了在线教育是能够支持社会中每个成员进行终身学习的。目前,我国在线教育体系包括在线教育政策制定、在线教育平台建设、在线教育师资配备、在线教育资源开发和在线教育质量保证五个部分。下面,将在全民终身学习视野下对我国在线教育体系现状进行分析。

第二节　全民终身学习视野下我国在线教育体系的发展历史

在线教育体系的发展离不开科技经济的发展、教育观念以及用户需求的影响。20 世纪 90 年代末互联网进入中国,随后互联网与移动互联网等通信技术不断发展,互联网教育规模不断扩大,用户学习需求不断深化、消费意识

① 李亮:《MOOC 发展的国家政策支持研究》,《现代教育技术》2004 年第 5 期。

开始觉醒、消费能力不断升级，我国在线教育体系已经进入了学习领域垂直细分、学习方式丰富多样、资源开放共享、教育内容变现的智能教育时代，全民终身学习理念深入人心。下面阐述影响我国在线教育体系的因素并对我国在线教育体系的发展历史进行回顾。

一、全民终身学习视野下我国在线教育体系构建的影响因素

2021 年 8 月 27 日，中国互联网络信息中心（CNNIC）发布了第 48 次《中国互联网络发展状况统计报告》，报告指出，截至 2021 年 6 月，我国网民规模达到 10.11 亿人，互联网普及率达 71.6%。我国在线教育用户规模达 3.2493 亿人，占网民整体的 32.1%。这些数据充分证明了我国在线教育体系正处于蓬勃发展时期，影响在线教育体系发展的还有学习规模、技术环境和社会环境等因素。

（一）学习规模

目前，社会经济水平不断提升，随之而来的是社会对教育的重视程度也达到了一个新的高度，中国在线教育市场规模和用户规模不断扩大，在线教育行业迎来了新的机遇。同时，互联网的普及也使得“互联网+”教育得到不断发展，在线用户人数激增。2020 年 2 月 14 日，艾媒网发布了《2019—2020 年中国在线教育行业发展研究报告》，根据数据可以看出 2020 年中国在线教育用户规模将达 3.09 亿人，市场规模将达 4538 亿元。

对在线教育用户的调查中，34.5%用户表示对 K12 在线教育有一定了解；38.1%用户认为教学讲解环节与技术相结合的关系密切；44.8%用户表示继续观望在线素质教育发展前景；思维和编程类在线素质教育最受用户认可，占比达 37.2%。这表明，在线教育的学习规模在不断增大，在线教育教学的内容也在不断增加。

(二)技术环境

影响在线教育发展的技术环境主要有四点。第一,5G 技术。5G 通信技术具有高速度、泛在网、低时延等特点,它的发展给社会带来了深刻的变革,促进了教育的发展,也对在线教育领域产生了重要的影响,为在线教育赋予了新的契机。① 第二,人工智能技术。目前,人工智能技术发展迅速,教育也属于其应用的领域。② 人工智能技术可以帮助学生将需要学习的大量知识点进行分解,在学生学习的过程中还能够帮助构建学生的框架,并找出学生的知识漏洞,让学生得到及时的反馈。除此之外,人工智能技术还可以根据学生的学习情况有针对性地为学生推送学习内容,帮助学生进行个性化学习和提高学习效率,增加了学习的趣味性。第三,直播技术。2017 年以来,在线教育直播逐步进入了人们的视野,成为在线教育的新形式。在疫情期间,许多教师在 QQ、微信、钉钉等社交软件上进行教学直播,帮助学生进行在线学习。③ 直播技术的改进也促进了在线教育的发展,使得教师在直播时的画面不够清晰与卡顿等问题得到了改善。除此之外,直播技术的改进也将进一步丰富教学内容并且增加教学的趣味性与师生双方的互动。第四,大数据技术。随着信息时代的到来,大数据也开始影响人们的生活,为教育带来了机遇。在线教育本身很难改变学生的学习状况,而大数据引发的是借助在线教育的形式由数字支撑到数据支撑的变化。④ 当通过大数据支持在线教育,可以使教育过程更加科学与客观,帮助教师把握教育教学的整体性。除此之外,通过将大数据与生物特征识别技术相结合进行运用,

---

① 李海峰、王炜:《5G 时代的在线协作学习形态:特征与模式》,《中国电化教育》2019 年第 9 期。

② 吴文峻:《面向智慧教育的学习大数据分析技术》,《电化教育研究》2017 年第 6 期。

③ 黄荣怀、张慕华、沈阳、田阳、曾海军:《超大规模互联网教育组织的核心要素研究——在线教育有效支撑“停课不停学”案例分析》,《电化教育研究》2020 年第 3 期。

④ 谢静静、阎伟静:《大数据背景下教育模式变革研究》,《中国成人教育》2016 年第 20 期。

还可以在学生学习过程中识别与分析学生的学习状态,掌握学生的专注程度和投入程度,发现学生学习过程中的弱点与盲区,帮助教师得出应对策略。

(三)社会环境

当今世界的竞争日趋激烈,为满足学生的就业需要以及对自身素养的需求,学生不再满足于课堂中的学习,在线教育越来越被接受和需要。支付宝、微信支付等移动支付的出现与普及也促进了家庭教育消费升级,如今的家长除了想要提升学生的学习成绩,也期望在学习过程中提升孩子的综合素质,于是素质教育也成为在线教育的新方向。

二、全民终身学习视野下我国在线教育体系构建的历史回顾

(一)萌芽期

20 世纪 90 年代前,教育信息化的提出使各种新型教学方式应用在课堂教育当中。幻灯、投影仪等工具的使用在一定程度上缩短了信息传递过程,提高了教育的效率。进入 90 年代后互联网迅速发展,数字化技术开始普遍应用到教育教学过程中,为教育提供了新的途径。1998 年,国务院批准了教育部发布的《面向 21 世纪教育振兴行动计划》,提出了现代远程教育工程。1999 年,教育部制定《关于发展现代远程教育的意见》,积极推动现代远程教育的发展。同年,国家陆续批准了 68 所高校成为全国现代远程教育试点院校。

(二)发展期

2000 年后,互联网迅速成熟并且不断普及,教育教学的形式更为灵活。教学不再局限于班级教学和小组学习,互联网学习社区、教学视频等多种“互

联网+”教育方式迅速发展。新东方在线、沪江网等网校也上线运行。2010 年以后，录播付费课程形成稳定的商业模式，直播课程也不断出现。移动教育的迅速崛起使教育方式和渠道更加多样化。依托于高校优质课程资源的慕课在中国兴起，使在线教育迅速发展。

（三）快速发展期

2013 年是中国的“在线教育元年”[①]，这一年，在线教育得到了巨大的发展，它的发展也对我国教育的影响越来越大。2013 年 3 月，北京大学发布了《关于积极推进网络开放课程建设的意见》，将“推进网络开放课程建设”作为未来发展的战略之一。2013 年 5 月，清华大学和北京大学宣布加入 edX。2013 年 7 月，复旦大学和上海交通大学宣布加入 Coursera。教育部、财政部关于“十二五”期间实施“学校本科教学质量与教学改革工程”的意见中明确提出：建设国家精品开放课程，利用现代信息技术，组织高校建设一批精品视频公开课程，并建设一批资源共享课。2012—2013 年教育部组织原有的 3000 多门国家精品课程转型升级。除了直接加入在线教育平台，国内大学也开始整合国内的在线教育资源，创建中文在线教育平台并运用于教学之中，2014 年 5 月 8 日，“爱课程网”中国大学慕课平台正式开通，全国的高校都可以通过这个平台进行慕课课程建设和应用。[②] 2019 年 4 月，北京举办了中国慕课大会，提出我国已上线 12500 门慕课，学习者人数高达 3.1 亿人，位居世界第一。如今，随着用户对知识需求的深化和消费意识的觉醒，以“轻知识”为产品的知识付费平台相继出现。除此以外，“人工智能+教育”成为新的技术研发方向，体现在各类在线教育产品之中。

---

① 张遐、朱志勇：《在线教师角色认同与专业发展研究——以中国开放大学青年教师为例》，《中国青年研究》2016 年第 5 期。

② 谢清理：《高校 MOOCs 的发展及价值所在》，《中国成人教育》2015 年第 5 期。

第三节　全民终身学习视野下我国在线教育体系的基本现状

从在线教育体系的发展来看，我国在线教育体系可以由在线教育政策制定、平台建设、在线教育师资配备、在线教育资源开发和在线教育质量保证构成。接下来分析全民终身学习视野下我国在线教育体系的政策制定、平台建设、师资配备、资源开发和质量保证。

一、全民终身学习视野下我国在线教育体系的政策制定

2015 年以来，国家在教育信息化、智能教育、编程教育等教育领域均颁布政策并予以扶持，并且加大了对校外培训、在线教育机构的监管力度，推动行业健康发展。

（一）在线教育平台政策

2017 年 6 月 19 日，教育部印发了关于《普通高等学校健康教育指导纲要》的通知，其中提出要创新教学方法和模式，充分发挥在线课程作用，开发健康教育网络课程、慕课、微课等，为全体学生提供便捷的健康教育学习平台，增强学生运用网络资源学习的能力，扩大健康教育覆盖面。2018 年 11 月 26 日，教育部、国家市场监管总局、应急管理部三个部门办公厅联合印发《关于健全校外培训机构专项治理整改若干工作机制的通知》，其中明确提出要强化在线培训监督，省级教育行政部门要做好面向中小学生的利用互联网技术在线实施培训教育活动机构的备案工作，切实把好入口关，按照线下培训机构管理政策，同步规范线上教育培训机构。省级教育行政部门要联合工信、网信等相关部门，加强对线上培训内容的监管，确保培训质量，在提供多样化教育服务的同时，切实减轻中小学生过重的学业负担。

（二）在线教育资源政策

2012 年 12 月，国家教育资源公共服务平台开始试行，着力于推动教育信息化，向各地平台推送教育资源。2019 年 2 月，中共中央、国务院印发《中国教育现代化 2035》，其中就明确提出构建服务全民的终身学习体系，加快信息化时代变革，建立数字教育资源共享机制。2018 年 4 月，教育部印发《教育信息化 2.0 行动计划》，提出实施数字资源服务普及、网络学习空间覆盖等行动，推动在线教育发展。2019 年 3 月 5 日，在第十三届全国人民代表大会第二次会议上李克强总理发表了《政府工作报告》，报告中明确指出要促进优质资源共享。随着在线教育的发展，有些乡村地区的硬件设施如视频会议室等得到了不断完善，名校名师课堂下乡、家长课堂等形式逐渐普及，为乡村教育发展提供了新的解决方案，既可以帮助偏远地区的人进行终身学习，也为我国各地教育均衡发展提供了有利的条件。

（三）在线教育师资政策

2015 年 12 月 26 日，教育部教育管理信息中心"基于教师在线教育技能应用与实践课题"在北京大学开题，同时"教师在线教育技能认证"项目正式启动。① 近年来，学生除了接受校内教师的培训之外，仍有许多家长将孩子送到课外培训机构以促进学生个性化学习，随着互联网应用的不断深入，课外培训也从线下向线上不断发展，随之而来产生的问题是某些机构的培训人员素质参差不齐，无法正确地教导学生。2018 年 11 月 26 日，教育部、国家市场监管总局、应急管理部三部门办公厅联合印发《关于健全校外培训机构专项治理整改若干工作机制的通知》，其中规定：线上培训机构必须将教师的姓名、照片、教师班次及教师资格证号在其网站显著位置予以公示。2019 年 7 月，

① 君实：《"教师在线教育技能认证"项目启动》，《中国远程教育》2016 年第 1 期。

教育部等六部门发布了《关于规范校外线上培训的实施意见》，明确提出在培训机构从业的人员必须拥有语文、数学、英语、生物等学科根据国家要求规定的相应教师资格，对外教执教人员也提出了更为细致的要求，聘用外籍人员时必须公示其教师资格证以及学习、工作等经历。在这项政策出台以后，有一些省份也渐渐对线上培训机构的备案、外教执教水平提出了更为细化的要求和标准。

（四）在线教育质量保证政策

现如今，各种教育软件被教育系统广泛应用，虽然在一定程度上促进了教育的公平，帮助学生随时随地学习，但是随之而来的问题也层出不穷，其中传播有害信息就给教师和家长带来了困扰。随着在线教育平台、上线课程和注册学生人数的急剧增加，也加速了教育质量危机。

从国家政策上来说，2018 年 8 月，司法部就《中华人民共和国民办教育促进法实施条例（修订草案）（送审稿）》公开征求意见，提出利用互联网技术在线实施学历教育的民办学校需取得办学许可和互联网经营许可。2019 年 9 月，教育部、公安部、市场监管总局等八个部门印发了《关于引导规范教育移动互联网应用有序健康发展的意见》文件，这也是我国发布的第一个全面规范教育互联网（教育 APP）的政策文件，明确要求加强内容建设，保护未成年人的身心健康，体现素质教育。2019 年 11 月，教育部办公厅发布了《教育移动互联网应用程序备案管理办法》，首批通过了 152 个教育 APP 的核验，要求教育移动应用必须备案，有效规范了在线教育行业的秩序，为用户营造了一个良好健康的学习环境。

从地方政策上来说，自 2018 年以来，广东省教育厅就先后四次对全省中小学学习类 APP 进行排查与整治，并且建立网站专栏以及微信小程序等，为“黑白名单”查询、举报申诉等提供渠道。2019 年 6 月，中国广东省教育工作委员会、网络安全和信息化委员会办公室等七个部门公布了《广东省面向中小学生校园学习类 APP 管理暂行办法》,对广东省中小学校园学习类 APP 监管作出了明确的规定,这是国内首个针对校园学习类 APP 的省级实施细则。为提升本地校外培训治理能力,2019 年 12 月,江苏省教育厅、网信办、市场监管局等七个部门制定了《江苏省校外线上培训备案细则(试行)》,排查线上校外培训开展情况,校外线上培训机构需提供符合网络安全管理制度、个人信息保护制度等的审查资料。

总的来说,在线教育就是向受教育群体提供他们所需要的学习资源和教学管理,在线教育体系涉及的范围更加广泛,更为多元化,因此我国的政府部门不仅为学习者进行在线教育提供了适当的软件和硬件条件,而且还制定了许多相关的法律条文和规章制度以确保在线教育的顺利实施以及可持续发展,在发展过程中不断监督,帮助有关部门及时整改,持续加强在线教育的灵活性与自主性,在在线教育平台建设、师资配备、资源开发和质量保证上不断修改及补充相应的政策条件。

二、全民终身学习视野下我国在线教育体系的平台建设

目前,国内的在线教育市场十分广阔,再加上国外一些成熟的在线教育平台对国内在线教育市场的催化,国内的在线教育平台不断涌现。在线教育平台一般不会直接向学习者提供课程内容,更多的是承担一个载体的角色,为教师与学生在教学过程中的环节提供他们所需要的支持和服务。目前,在线教育平台的形式多种多样,根据在线教育平台的商业模式来分,可以将在线教育平台的建设分为以下几种模式。

(一)B2B2C 模式

B2B2C(Business to Business to Customer)模式的在线教育平台是目前在线教育的主流方式,主要采取与机构合作、个人教师入驻的形式,学习者可以获得点播和在线的网络授课资源。这种形式的平台课程大多来源于一些专业

的机构和个人,是经过严格审查后挑选的,可以帮助用户降低自己的选择错误率,提高学习效率。[①] 这种类型的在线教育平台有网易云课堂,它是一个综合性课程学习平台,为用户精选了国内外的优质课程,用户可以从观看视频、记录笔记、在线讨论、答疑解惑、题库练习模块进行一连串的学习体验,在线讨论的板块也加强了师生之间的互动,使用户更具黏性。除此之外,网易云课堂还有“知识图谱”“猜你喜欢”等功能,能够有效帮助学生了解自己的薄弱之处和需要学习的内容。除了网易云课堂之外,B2B2C 型在线教育平台还有一个典型案例是 51CTO 学堂,它是服务于技术人员为主的垂直型 B2B2C 平台,同网易云课堂一样,它也是与机构合作,教师以个人形式入驻,是向用户提供在线服务和点播学习资源。这个平台的独特优势是具有“网站地图”的导航功能,帮助用户快速寻找自己想要的学习资源。与其他在线教育平台不一样的是,51CTO 平台有金币和学分的概念,实现了人民币和虚拟货币的转化,有助于平台的运营。但是 51CTO 平台缺少师生之间的互动,教师往往没有办法完全掌握学生的学习情况,因此很难评估学生,为学生提供私人化的学习服务。

(二)B2C 模式

B2C(Business to Customer)模式的在线教育平台是指企业自主制作高质量的学习内容,然后向个人提供教育培训的模式。此类平台的特点是网校平台担任教育自营主体的角色,一般以相对垂直的教育领域为主要课程产品,如语言培训、职业培训和技能培训等,期望给用户提供高质量的内容和服务。B2C 型在线教育平台的用户数量很多,具有数千万甚至上亿的市场容量,吸引了大量的投资。随着“互联网免费”思维的大规模普及,向个人用户收费变得越来越困难,而且网络上大量免费的同类产品使得平台竞争越来越激烈,因此,B2C 在线教育平台的盈利也越来越难。此类型的在线教育平台有小猿题

① 黄洵:《B2B2C 大型综合在线培训商业平台网络关注度时空差异研究——来自“腾讯课堂”例证的营销启示》,《湖北广播电视大学学报》2019 年第 2 期。

库、51Talk、酷学习等。以酷学习为例，它是一个服务于在校学生的网站，通过网站自主制作一系列教学微视频，视频内容大多是有趣而又精悍的，视频时长多在十分钟左右。它的优势是将整个部分的学习内容划分为一个个小部分，帮助学生快速找到自己的薄弱之处，将自己的碎片化时间利用起来，实现趣味性学习，学生既学习了新的知识，也获得了乐趣。但是它有一个明显的缺点就是学生只能单纯地观看视频而缺乏学习之后的交流讨论，无法对后续的学习进行跟踪。

（三）C2C 模式

C2C（Customer to Customer）模式的在线教育平台的特征是教师和学生可以直接通过网络平台进行授课学习，搭建网络教学和交易平台而不通过传统的教育培训机构作为连接。这种模式对教师个人来说有一定的优势，因为如今的互联网日益发达，教师可以直接通过网络进行招生并且指导学生学习，并且通过这种方式进行教学的教师，他的收入水平可能会超过培训机构教师的收入。

总的来说，由于学习者个性化的学习需求，在线教育平台是不可能单一不变的，目前我国对在线教育平台的建设正如火如荼，在线教育平台除了需要发掘与优化数字资源，还要加剧资源主体的竞争，聚焦学习者的成长，预测学习者未来的学习需求，帮助学习者进行终身学习。但是一种模式的在线教育平台是很难满足学习者所有需求的，因此市场上出现了类型多种多样的在线教育平台，可以满足目前学习者的各种需求。学习是永无止境的，未来学习者很可能会产生新的学习需求，因此对在线教育平台的建设也需要不断加强，细化平台功能，让学习者能够快速找到适合自己的教育平台，节约时间与成本，促进终身学习。

三、全民终身学习视野下我国在线教育体系的师资配备

随着在线教育的不断发展，伴随而来的是在线教师这个新兴职业，随着在

线教育行业规模不断扩大，社会对在线教师的需求将进一步扩大，并且越来越得到家长和学生的认可，在线教育教师地位将得到进一步提升。在线教育教师承担着教学设计、在线学习资源开发、沟通联络和日常管理等职责，并且还可以转化为学生的学习引导者。

（一）在线教育教师专业发展

我国在线教育教师主要分布在以下机构：从事成人与网络高等学历教育的开放大学、普通高校的网络教育学院以及企业大学等。从现阶段来看，我国在线教师的来源比较广泛，有一些教师是从传统的教育岗位转入在线教师行业的，也有的是通过教育培训直接成为在线教师的，还有不少教师是在校大学生等非教育培训人士。但是线下授课十分优秀的教师，线上授课是否能够成功依然是一个问题。

如今，为了保证高质量的在线教育，必须将教师纳入在线模式之中。① 2006 年，北京大学网络教育学院开始正式将引领式在线学习模式应用到教师培训领域，并在充分考量受训者特性的基础上，对其实践机制做了诸多的创新。目前，在线教师专业发展可以通过“教育在线”网站，它是一种由教师构建的在线学习环境，汇集了教学资源、在线考试和行业信息等资源的网络教育在线共享平台。另外，在线教师专业发展还包括正式机构开发的一些专业发展项目，如 WIDE World、TAPPEDIN、e MSS 等。② 从教师的角度来说，相对于传统教育，在线教育对教师提出了不一样的要求。在线教育要求教师改变传统的“以教为中心”的观念，转变教师在课堂中的角色，成为促进学生学习的引导者、组织者和帮助者，教师应该成为信息技术应用专家，在如今的大数据

① 张丽、伍正翔：《引领式在线教师培训模式理论创新与实践机制——以全国中小学教师网络培训平台为例》，《中国电化教育》2011 年第 1 期。

② 杨冠英、李政、野菊苹：《在线教师专业发展的学习共同体交互策略研究——从 eMSS 项目中得到的启示》，《中国远程教育》2013 年第 2 期。

时代应该学会整合学习资源,帮助学生利用信息技术等手段开展探究性学习。从学生的角度来说,在线教育对学习者的信息素养也提出了更高的要求。在线教育使学习者可以借助互联网和信息技术手段进行学习,一方面能够满足学习者个性化的学习需求,获得教师针对性的指导;另一方面,在线教育可以让学习者借助互联网与世界各地的学生进行交流、合作与探究,通过相互之间的帮助与学习来完成对知识的内化,①在线教师起到了引导与桥梁的作用。

(二)在线教育教师发展困境

在线教育的师资是在线教育的基础性资源。艾媒咨询的数据显示,34.9%的用户遇到了教师真假难辨的问题,31.9%的用户遇到了师资宣传不符实际的问题。通过这些数据可以得出,在线教育的师资管理依然存在着较大的问题,目前师资的质量还是良莠不齐的,对在线教育师资的行业管理也需要加强。艾媒数据还显示,22.9%的用户最期待审核平台老师的教师资格证,由此可以得出用户越来越看重在线教育平台的师资力量。未来,在线教育平台要想在竞争日益激烈的浪潮中取得优势,必须要构建完善的在线教育师资体系,才能够实现良性的可持续发展,才能够吸引更多的潜在用户。

在线教育的师资配备对在线教育的发展十分重要,虽然国家也为在线教育教师制定了许多政策,但是许多机构都没有在网站的显著位置公示网站在线教师的教师资格证号,也很少有家长会去询问这些。目前,无论是线上还是线下,教师资源都是比较稀缺的,尤其是优质的教学资源,在线教育的师资问题引起了许多人的关注。腾讯在线教育部总经理说:“我觉得在线教育对于师资的要求不是更低,反而是更高了,线上教育想得更多的是,怎么让孩子真正感兴趣?传统教师不太需要了解 AI 是什么、技术是怎样的,但在线教育需要与技术有一定的结合,这对教师提出了更高的要求。”因此,与传统的教师

① 徐苏燕:《在线教育发展下的高校课程与教学改革》,《高教探索》2014 年第 4 期。

相比,在线教育教师会更加注重表现力方面和各方面技术掌握方面能力的提升。麦奇教育科技创始人杨正大表示:在线教育会让教学时间和内容碎片化,同时也会让教师碎片化。在线教育除了要求教师不断提升自己各方面能力外,还存在教师缺乏专业的实践场所、边界不清晰和工作量大、地位低等问题。

总的来说,发展在线教育具有历史必然性,尽管此次开展在线教育是基于疫情原因的权宜之计,但是通过这次实践,也加快了大众对在线教育的认识。未来,在线教育将成为一种常态和趋势,这对于在线教育工作者以及在线教育教师来说,都是一个较大的挑战。教师除了身体语言的缺失(如走动和板书)无法与学生进行近距离接触与对话外,在线教育的发展也将会对在线教育教师的专业发展提出更高的要求。疫情期间很多学校以及在线教育平台对教师进行了实操演示与互动交流方面的培训,教师们对在线教育有了一定的了解,但这些是远远不够的,以后即使在没有疫情的情况下,教师也应该对自己有一个明确的要求,不断进行学习,突破在线教育教师发展的困境。

四、全民终身学习视野下我国在线教育体系的资源开发

(一)在线教育资源的分类

优质的在线教育资源是提高在线教育质量的保证。目前,我国在线教育资源的分类大致有两种:一种是单向呈现的在线教育资源,另一种是双向互动的在线教育资源。① 单向呈现的在线教育资源主要有电子教案、课堂实录与微课等,此类在线教育资源形式比较传统,缺乏趣味性和互动性。随着在线教育的发展,它会渐渐失去对用户的吸引力,因此在线教育资源也在逐渐作出一些转变,微课就是其中的转变之一,以微课为形式的在线教育资源的教学时间短,主题明确,适用于教师教学以及学生自学,比较符合当前用户的需求。双

① 管佳、李奇涛:《中国在线教育发展现状、趋势及经验借鉴》,《中国电化教育》2014 年第 8 期。

向互动的在线教育资源相对于传统教育资源来说，更强调了互动性，例如如今的教育游戏和个性化题库等。教育游戏有北京大学教育学院推出的MaMaGame，个性化题库有梯子网、一起作业等。

（二）在线教育资源的发展

因为有庞大的人口基础，中国的教育规模是世界上最大的。在线教育弥补了传统教育存在的教育资源不均衡等不足和缺陷，利用互联网技术实现了教育资源共享。2011 年，国家发布了《教育部关于国家精品开放课程建设的实施意见》，2012 年，国家发布了《教育信息化十年发展规划（2011—2020年）》，这些文件的相继颁布推动了在线教育资源的开发。20 世纪初，我国教育开始加快信息化建设，经过多年的发展，在基础设施建设方面也取得了一些成绩，几乎所有大学都建立了自己的校园网。随着教育信息化的进一步发展，学生对数字化学习资源的需求也大大增加了。自 2003 年起，我国高等院校开始实施国家精品课程建设，到 2013 年 4 月已建成 3623 门，其中本科教育课程 2582 门，高职高专教育课程 1041 门，每门精品课程都有课程网站，可以共享课程大纲、教案、课件、录像等资料。①

目前，许多在线教育平台都为用户提供了在线教育资源，而提供的资源形式也是不一样的，有一些是传统的课堂教学实录，但是缺乏师生交互功能。还有一些在线教育平台提供的则是长度十分钟左右的微课视频，降低了学生学习的难度，有利于碎片化的学习。② “互联网+”教育也为校内外共享在线教育资源提供了便利，由于平时的工作任务以及工作时长等原因，学校教师一般很难自行去开发在线教育学习资源，因此，教师可以对外来的在线教育资源进行重新开发与完善，形成更加适合学生学习的资源，于是在线教育资源的可用

---

① 李亮：《MOOC 发展的国家政策支持研究》，《现代教育技术》2014 年第 5 期。

② 杨晓宏、周效章：《我国在线教育现状考察与发展趋向研究——基于网易公开课等 16 个在线教育平台的分析》，《电化教育研究》2017 年第 8 期。

性以及对学生的适配度会越来越高。① 随着信息化时代的不断发展，人们对高水平与高质量的在线教育资源的需求越来越多，这就给我国的在线教育资源带来了巨大的挑战，国家应该不断建设优质的教育资源。②

（三）在线教育资源的开发

国家精品课程资源中心是一个电子商务平台，旨在帮助教师和学生从各种提供商处获取此类资源，并促进教师设计的数字学习资源的共享。然而在线教育资源的开发相关人员需要有专业的学科知识和技术知识，目前，一些高校在开发在线教育资源中发挥着重要的作用。许多在线教育资源是由学生在教授的指导下开发的。这是一种非常典型的开发方法。然而，这些开发团队大多由学生组成，不稳定且缺乏经验。一些在线教育学习资源项目也是由专门的公司创建的。这些公司的技术人员有时无法理解专业知识。因此，在开发数字资源的过程中，需要有一些既了解主题领域又了解技术问题的员工。

总的来说，在线教育的资源开发并不是一时之间可以完成的，它是一个漫长的过程。目前在线教育资源的种类不多，随着我国在线教育平台的不断成熟，对在线教育资源的开发也需要不断深入。一方面要建设多种媒体介质的教学资源，如在教学资源中加入录像、动画、视频等，还可以加入一些师生互动的小插件。另一方面对于在线教育资源的开发也要注意满足不同类型学习者的需求，便于学生课后进行重点突击。

五、全民终身学习视野下我国在线教育体系的质量保证

当前，由于一些在线课程依然偏向于复制传统课程，缺少对课程的创新，

---

① 陈丽、李波、郭玉娟、彭棣：《“互联网+”时代我国基础教育信息化的新趋势和新方向》，《电化教育研究》2017 年第 5 期。

② 付卫东、周洪宇：《新冠肺炎疫情给我国在线教育带来的挑战及应对策略》，《河北师范大学学报（教育科学版）》2020 年第 2 期。

人们对在线课程仍然有着不少质疑，如学生在在线课程中的参与度和完成度等，而这些质疑归根结底还是在线课程能否“吸引人”和“留住人”两个问题。①

（一）在线教育体系的质量评价

在线教育的质量评价需要一套科学有效的评价体系，然而，目前我国的在线教育评价聚焦于在线教育内容质量，尚未包含网络媒体内容评价、客户体验评价和交互内容质量评价等，没有提出全面的在线教育质量评价体系。

但是，目前有许多学者也做了一些研究，针对我国在线教育的特点作出了一系列建议。例如根据慕课的发展现状运用模糊综合评价法对慕课的教学质量进行评价，加强对教学质量的管理以及提供理论支持。② 使用文本挖掘技术获取部分课程评价指标，建立包括课程内容、教学设计、界面设计、媒体技术、课程管理 5 个一类指标，为平台、管理者和开发者确定课程质量提供依据。③ 对在线教育模式进行实例对比分析，从系统架构、教育资源、互动模式以及市场环境 4 个一级指标构建了基于在线教育的整体评价指标体系。④ 通过梳理当前教育 APP 存在的问题，然后借鉴教育软件评价研究的相关成果，提出以教学、艺术、内容、技术、服务为核心的教育 APP 质量评价模型——PACTS（Pedagogics，Art，Content，Technology，Service），设计出教育 APP 质量评价指标体系。⑤

① 黄璐、裴新宁、朱莹希：《在线课程内容质量评价指标体系新探——基于学习者体验和知识付费的视角》，《远程教育杂志》2020 年第 1 期。

② 李加军、张楚珊、陈春丽：《基于模糊综合评价法的 MOOC 教学质量评价研究》，《当代继续教育》2016 年第 2 期。

③ 姚凯、李思志、李艳红、邱静静：《MOOC 评价模型研究》，《复旦教育论坛》2017 年第 3 期。

④ 黄炜、刘璇、石沛、李岳峰：《“互联网+”背景下的在线教育模式评价研究》，《情报杂志》2016 年第 9 期。

⑤ 龚朝花、曾雪庆：《基于 PACTS 模型的教育 APP 质量评价指标体系研究》，《现代教育技术》2018 年第 1 期。

（二）在线教育体系的质量整改

对于在线教育的乱象，国家也作出了一系列的整改。2018 年，全国“扫黄打非”办公室部署协调有关部门对“互动作业”APP 进行核查。经查，该 APP 存在大量危害未成年人身心健康的低俗色情互动信息，并存在未经许可擅自开展网络出版服务等问题。据此，北京市文化市场行政执法总队责令立即停止“互动作业”APP 的运营服务。

总的来说，在线教育的质量保证是推动在线教育不断发展的源泉，一定程度上也是全民终身学习的保障。在线教育必将迈入由规模拓展转至质量提升的转型期，评价与监测便是提升在线教育质量的关键环节。从国家层面上来说，政府教育部门需要建立完善的评价与监测体系；从平台层面来说，在线教育平台也应该遵循国家要求，自查自纠，保证在线教育内容质量。

第四节　全民终身学习视野下我国在线教育体系的典型特征

随着在线教育体系的不断发展，全民终身学习视野下我国在线教育体系也有了一些特征。

一、以落实全民终身学习理念为政策指引

学习是全民需要的，在线教育可以满足从出生到工作后的教育需求，是可以满足全民终身学习的。21 世纪以来，终身学习不仅成为全球最广泛共享的教育目标之一，而且成为教育政策指引的一种规范。① 在在线教育体系政策的制定上也不例外。从在线教育体系政策的制定上来说，我国在对在线教育

---

① 何思颖、何光全：《终身教育百年：从终身教育到终身学习》，《现代远程教育研究》2019 年第 1 期。

平台建设、师资配备、资源开发、质量保证的政策制定上都体现了全民终身学习的理念。例如在制定在线教育资源政策时，要求建立数字资源共享机制，促进优质资源共享，并且加大乡村地区的硬件与软件资源建设，方便全民终身学习。因此，我国在线教育体系是以落实全民终身学习理念为政策指引的。

二、以促进学习者个性化发展为价值导向

在如今的社会环境中，终身学习的理念被越来越多的人接受，在线教育学习者的规模逐年扩大，学习者对多类别、多选择、高质量的在线教育课程内容有着越来越强的需求。如今，学习者的身份包括在校的学生、职场人士等各种各样的人群，他们对教学的需求也是各不相同，多种多样的教育促进了学习者各个方面的发展。在线教育的服务受使用场景和使用时间的影响较小，并且可以从多个角度覆盖学生的使用需求。不少家长更希望能够选择促进学生个性化发展的在线教育，从在线教育体系来说，在对在线教育平台建设、师资配备、资源开发方面都体现了对学生个性化发展的促进。从在线教育体系的平台建设来看，目前我国的在线教育平台有多种类型，学生可以根据自己的需求选择适合自己的学习平台和学习方式。这在一定程度上解决了传统大班教学模式的知识重复和学习重复的问题。从在线教育体系的资源开发上来看，在线教育资源的种类多种多样，例如微课、慕课等，学生可以选择适合自己的在线教育平台，然后在平台中选择自己感兴趣的或者希望学习的内容，满足学生个性化的学习需求与发展。从在线教育体系的师资配备上来看，在线教育教师转变了传统的以教师为主导的教学方法，他们成为学生的组织者、引导者和帮助者，对教师的要求也大大提高了，学生可以在教师的帮助下进行探究式学习、协作式学习等，在学习内容上也可以在教师的引导下自主学习一些内容，学习的方式更加个性化了，而不是千篇一律，一定程度上也有利于学生的个性化发展。人工智能技术的出现推动了在线教育的发展，它不仅提高了在线教育的教学效率，而且推动了个性化教育。

三、以建设高质量学习型社会为基本目标

目前,在线教育市场已经进入了初步成熟阶段。发展在线教育,对网络环境的关注也至关重要,有时网络环境甚至会直接影响在线教育的质量。从在线教育体系来看,在在线教育体系的政策制定、平台建设、师资配备和质量保证上都体现了对在线教育服务质量的改善。从政策制定上来看,无论是国家还是地方都对在线教育质量保持着持续的关注,从《中华人民共和国民办教育促进法实施条例(修订草案)(送审稿)》《关于引导规范教育移动互联网应用有序健康发展的意见》《广东省面向中小学生校园学习类 APP 管理暂行办法》等文件中可以看出网络环境依然还存在一些问题,国家也在不断整改,力求为学生提供优质的在线教育服务环境。从在线教育体系的平台建设与师资配备上来说,课程与师资会影响在线教育的质量,在线教育平台也在不断完善服务体系,提升课程供应的数量和质量。除此之外,许多学者也针对在线教育的特点对在线教育的质量制定了评价体系,以期提高在线教育服务质量,不断完善在线教育体系。

四、以推动在线教育商业模式革新为重要途径

丰富多样的商业模式在各个方面推动了我国在线教育体系的发展,因此不断革新我国在线教育的商业模式也是发展在线教育体系的一个重要途径。在中国,各大巨头纷纷投入在线教育行业,中小企业也已初见雏形,在线教育商业模式的建设已经如火如荼。自在线教育出现以来,我国对在线教育商业模式的革新就很重视。从在线教育体系上来说,在线教育商业模式更多体现在了在线教育平台的建设上。例如目前我国在线教育的商业模式多种多样,常见的类型主要有三种,分别是 B2B2C 模式、B2C 模式、C2C 模式,每个模式都有自身的特点,学习者可以根据自身的需求进行有选择性的学习,避免因为对自己的学习需求不够了解而作出一些无用功,一定程度上能够提高自己的

学习效率。一方面,越来越多的网络学习资源给了学习者更多的学习体验方式;另一方面,随着获得的途径越来越多,学习者难免会被迷乱双眼,不同的商业模式大大减少了学习者的选择错误率。因此,我国对在线教育体系的建设是以推动在线教育商业模式为重要途径的,为学习者的选择提供了更多的便利。

第五节　全民终身学习视野下我国在线教育体系的主要任务

在线教育是指以互联网为媒介,通过提前录制或者直播等方式将教育内容上传至在线教育平台,最终为用户所接受的教学方式。但我国的基础教育依然存在许多难题,教育公平以及教育质量问题还没有得到解决,在促进学生个性化学习方面也是成效甚微,不断完善在线教育体系在一定程度上能够解决这些问题并且完善终身学习体系。

一、扩大全民终身学习的宣传和推广工作

在线教育的出现改变了传统的教育模式,也推动了终身学习理念的普及。如今,国外对终身学习推广与普及已经有了相应的措施,目前存在的措施主要有立法保障、主题活动宣传、教育资源开放、行政机构设置等。① 但就目前来说,我国相对于国外,全民终身学习的宣传和推广工作还不够,有关终身学习的理念和制度尚不完善,仍然处于初级建设阶段,因此扩大全民终身学习的宣传和推广工作在我国未来需要进行的工作中是十分重要的。一方面,政府和教育部门需要积极地向社会大众宣传终身学习的理念,让大家了解终身学习的作用和意义,让终身学习成为一个全民化的理念。另一方面,政府应该提供相应的行政支持,除了向整个社会提供在线教育以外,还可以向大众提供开放

① 赵丽君:《国外终身教育模式借鉴》,《教育与职业》2014 年第 13 期。

教育资源,建立减税免税等政策,鼓励开设相应的学校,帮助建立终身学习的体系。除了政府不断支持之外,各大企业、大学以及相关科研单位都应该响应政府的号召,帮助政府共同完成全民终身学习的宣传推广工作,还可以将在线教育与线下的教育服务相结合,推进全民终身学习。

二、加快教育信息化基础设施建设

在线教育的持续进行离不开良好的实时通信功能,在线教育平台的运行也必须能够在 PC 端和移动端系统上进行操作,这样才能保证在线教育过程中的声音与视频的效果较为良好。当然,为用户提供便捷的交互功能也是十分必要的,因此,国家需要不断加强网络环境的建设与开发通信技术。除此以外,由于经济水平和文化发展的原因,我国各个地区教育发展依然很不平衡,尤其是在二三线城市和农村地区基础设施建设都相对薄弱,即使在同一地区教育水平也会发展不均。现阶段如果只依靠一些政策保证与资金投入是无法解决教育均衡问题的。通过推动在线教育的发展,一定程度上能够实现教育师资和资源的共享,从整体上提高办学水平。①

总的来说,一方面,网络基础建设推动了在线教育的发展;另一方面,在线教育的发展也推动了手机、平板等移动终端的销售,也产生了对管理人员、技术人员、运营人员等方面人才的需求。② 近年来,我国脱贫攻坚力度不断加大,但是目前农村小规模学校的网络环境和信息化设备仍是农村在线教育发展的短板,某些低收入家庭的子女还是无法保证网络环境和上网设备。因此要不断加大农村地区的互联网基础设施建设。③

---

① 陈丽、李波、郭玉娟、彭棣:《"互联网+"时代我国基础教育信息化的新趋势和新方向》,《电化教育研究》2017 年第 5 期。

② 姚凯、李思志、李艳红、邱静静:《MOOC 评价模型研究》,《复旦教育论坛》2017 年第 3 期。

③ 付卫东、周洪宇:《新冠肺炎疫情给我国在线教育带来的挑战及应对策略》,《河北师范大学学报(教育科学版)》2020 年第 2 期。

三、健全在线教育法律制度和监管机制

虽然国家已经发布了许多关于在线教育的文件,但是目前我国的在线教育规章制度仍然不是很完善,缺乏成熟的评价体系,部分在线教育内容的质量难以保证,因此还是要健全在线教育法律制度和监管机制。从国家层面来说,一方面,国家应该给予在线机构权威的指导,制定专业的评价体系,国家各部门应该齐心协力,尽到自己的职责,做到监督与审查,规范在线教育机构的行为,同时也要制定在线教育机构的管理规范。另一方面,国家要时刻关注在线教育市场,对在线教育市场进行监管,使得在线教育市场的秩序更加规范。从机构层面来说,一方面,机构要根据国家和地方的指示,不断加强对自身的管理,约束机构从业人员;另一方面,在线教育机构还需要对在线教育教师的资质进行审核,防止一些没有从业资格的教师浑水摸鱼,还要对课程质量进行监管,保证用户接受服务的质量。与此同时,版权保护也是在线教育行业的一大痛点,如何维护教师用户原创课程的版权利益是目前存在的问题,若是长久不对侵犯版权的行为加以管制,难免会打击原创者的积极性,阻碍在线教育的长远发展,因此,健全有关在线教育版权的法律制度和监管机制,注重版权的保护,为完善在线教育体系提供法律保障也是十分必要的。除此之外,在线教育平台虽然以在线教育服务为核心,但是依然可以在教育服务的基础上增加一些考试测评、课程满意度测试等配套的附加服务,为在线教育提供一些法律制度和监管机制的参考。

四、加强在线教育师资队伍建设

对于在线教育用户来说,除了对自身课程的关注,较多的注意点集中在了师资上,很多在线教育用户要求教师具有较高的信息素养,教师原有的知识能力已经无法满足自身生存与发展的需求,因此教师需要不断促进信息技术与教学融合,不断提升自己对信息资源处理的能力。首先,教师要转变传统的教

学观念,尊重学生的差异,教学时坚持以学生为中心,主要培养学生的自主学习能力。其次,教师本身也要不断拓展自己的知识,关注信息技术在课堂中的应用。最后,在线教育平台也可以根据自身的实际情况对在线教育教师进行知识与能力方面的培训,培养自己的教师。

在线教师的发展需要合适的内外部条件,对在线教师的培养主要是为了促进师生之间的合作与共同进步。因此,需要不断关注在线教师发展的实际需求并为他们提供有效的帮助。要构建多维交互的在线教师发展的技术平台,设置教学经验交流区、学科内容交互区等,还可以提供对在线教师的一对一指导,从而保证教师的专业发展。① 国家在线教育教师体系需要建立在线教师教育课程和教学体系。目前看来,教师在线教育教学的课程与教材基本是没有的,区别于线下教师需要掌握的技能,在线教育教师需要掌握方法、技术等多方面的内容,因此建设在线教育教师课程资源对在线教育教师的培训是至关重要的。此外,虽然国家已经为在线教育教师的发展制定了一些政策,但是除了颁布一些指导意见、实施意见等方案,国家也需要细化相关制度,例如专业上的一些制度以及教学能力框架等,为完善在线教育体系提供理论和实践依据。②

---

① 杨冠英、李政、野菊苹:《在线教师专业发展的学习共同体交互策略研究——从 eMSS 项目中得到的启示》,《中国远程教育》2013 年第 2 期。

② 朱旭东:《构建国家在线教师教育体系刻不容缓》,《教育发展研究》2020 年第 2 期。

第二章　全民终身学习视野下我国在线教育体系的资源建设

终身学习作为一个热点话题，已在各个国家和领域引起了强烈的反响。随着网络的发展，在线教育利用网络的灵活性、便捷性等特点，满足终身教育、职业教育的客观需求，能够为在线教育终身化理念的普及提供潜在的推动作用，也可培养在线教育对象的自主学习意识和能力，在在线教育中深化理念构建，呈现双边多元发展新形势，突出网络资源共享作用与价值。

第一节　全民终身学习视野下我国在线教育体系资源建设的主要类型

为满足全民多样化的学习需求，国家在线教育体系资源库建设了各种类型的在线教育资源，包含慕课、数字图书馆、视频公开课、移动智能终端 APP 等多种形式的资源，使得所有人都能随时随地学习，满足终身学习的理念。

一、慕课

（一）简介

随着互联网技术的迅速发展，慕课正变得越来越受欢迎，并吸引了大量的研究关注。慕课又称大规模开放在线课程，是一种通过开放教育资源，针对大众人群通过网络来学习的在线课堂。为了更好地促进教育资源共享，提高教学效率，在线开放课程日益火热，各大高校也把建设在线开放课程作为开展教育教学工作中的一项重要内容。不只是国家、省市级单位、高等院校在大力提倡在线开放课程，如中国大学慕课、学堂在线等商业机构也开发出了大批在线开放课程的平台，如网易公开课、新东方在线等。慕课可以提供丰富、实时的课程来提高学生的学习效果。

（二）国内外慕课平台

2008 年，加拿大学者大卫·柯米尔（Dave Cormier）和布莱恩·亚历山大（Bryan Alexander）联合提出慕课的概念之后，慕课就如雨后春笋般在美国发展起来，大规模地进入公众的视线。2012 年，“慕课元年”开启，随后不久，慕课课程也在全世界范围内受到欢迎。2012 年 2 月，斯坦福大学的塞巴斯蒂安·特龙（Sebastian Thrun）创立了著名的 Udacity。Udacity 推出的课堂涵盖计算机科学、数学、物理学、统计学、心理学等。与其他尝试普及高等教育的课程不同，Udacity 不只是提供课堂录像，还有论坛和社交元素，以供教师与学生互相讨论交流。同年，吴恩达（Andrew Ng）联合斯坦福教授达芙妮·科勒（Daphne Koller）创办了大型公开课在线教育项目 Coursera，旨在同世界顶尖大学合作，在线提供免费的网络公开课程。而被称为慕课届的“三巨头”之一的 edX 也在同年 4 月成立，edX 是由麻省理工和哈佛大学联手创建的大型非营利在线教育平台，旨在免费给大众提供大学教育水平的在线课堂。edX 的创新之处在于，它的网络教育模式以视频内容为主，给学生提供互动经验；另外，它是一个开源的平台，其他大学或者个人都可以不断地改进该平台。

与此同时，随着互联网技术的迅速发展，我国一些慕课平台也应运而生。2012 年 12 月底，由网易公司打造的在线实用技能学习平台“网易云课堂”正式上线，为学习者提供了海量、优质的课程，用户可以根据自身的学习程度，自主安排学习进度。立足于实用性的要求，网易云课堂与多家教育培训机构建立合作，课程涵盖实用软件、IT 与互联网、外语学习、生活家居、兴趣爱好、职场技能、金融管理、考试认证、中小学、亲子教育十大门类。2013 年 10 月，由清华大学研发出来的中文慕课平台“学堂在线”正式启动。该平台是教育部在线教育研究中心的研究交流和成果应用平台，旨在汇聚并共享全球优质教育资源，引领教育教学模式创新，提升教学质量，促进教育公平。“中国大学慕课”是由网易与高教社“爱课程网”合作推出的大型开放式在线课程学习平台。2014 年 5 月，该平台联合北京大学、复旦大学、浙江大学等 211 所知名高校和机构，推出了大量精品在线课程，旨在提供最优质的课程和教学资源以及最完整的学习体验，让每一个有意愿提升自己的用户在这里都能学习到最好的大学课程并获得认证证书。

（三）建设要点

近年来，各国的慕课建设都在迅速地发展并且取得了一定的成果，但也发生了一些问题，因此，根据研究并结合实际情况，对慕课建设提出几点建设性意见。第一，缺少反馈。当前，通过慕课平台进行学习的学生把大部分时间花在观看授课视频上，缺乏互动环节，教师无法了解学生的学习情况，从而无法对自己的教学安排作出及时适当的调整，这也直接导致了学习效果的降低。石从磊（Conglei Shi，2015）等认为，慕课平台中的点击交互是一项十分重要的功能。因此，教师和学生应充分利用慕课平台中的交互功能，使课程内容更有针对性且更加全面具体。第二，慕课资源更新不及时。时代飞速发展，知识内容也在随之更新。但当前慕课平台中的课程内容等资源过于陈旧，无法跟上时代的步伐。因此，教师安排教学内容时，要注重知识内容的新颖性，要贴近社会、贴近生活，要给学生一种真实感，这样学生才能更好地掌握学习内容。

二、数字图书馆

（一）简介

互联网的迅速发展给人们的生活带来翻天覆地的变化，数字阅读在人们的生活中占据了一定的位置，传统的图书馆也在积极地向数字化图书馆靠近，通过引进先进的信息技术不断地朝数字化的方向发展，目前各国的数字图书馆建设工作也有了一定的规模，但是面对飞速更新的信息资源，数字图书馆的建设面临着更大的挑战，如何将先进的人工智能技术高效地应用到数字图书馆的建设工作中来是目前我们所面临的非常重要的一个问题。同时，数字图书馆的建设也对图书馆的服务提出了更高的要求，社会上的图书馆已经逐步树立起先进的数字化阅读的理念，创建并逐步完善新进的数字化阅读服务，确保广大用户能更方便地获取想要的信息，这不仅提升了阅读水平，也提升了图书馆的服务水平。

（二）国内外数字图书馆

信息化时代下的数字图书馆建设工作已经引起了各国政府的高度关注，早在 1994 年，美国国家科学基金会（U.S.National Science Foundation，NSF）便发起了数字图书馆计划，该计划是由 6 所大学联盟负责技术问题，7 所科研机构和 7 个单位领导主持的。除此之外，美国国会还对该项目提供了 1500 万美元的资金支持，该项目不管是资源还是资金都得到了政府的大力支持。

1997 年，我国国家计委就批准了试验型数字式图书馆项目的建立，到 2001 年 6 月，该项目正式通过，可以说数字化图书馆的建设在我国处在一个非常前卫的位置。从 1998 年我国的上海图书馆所取得的效果就能看出，政府在这方面给予了大量的支持。1998 年 11 月，我国的中国高等教育文献保障系统（China Academic Library & Information System，CALIS）项目根据相关部门的指导和具体政策开始了数字图书馆的正式建设工作,2001 年 7 月该项目正式通过。注册成员馆逾 1800 家,覆盖除台湾地区外中国 31 个省(自治区、直辖市)和港澳地区,成为全球最大的高校图书馆联盟。近年来,我国的数字图书馆建设工作还在继续进行,我国的国家图书馆、广东省中山图书馆以及相应的湛江图书馆都和首都超星电子技术公司有合作,并不断采用国际先进的技术完善和管理数字图书馆的建设工作。数字图书馆以汇聚各类多媒体资源为起点,利用网络技术和人工智能技术,将各类资源先通过分类再整合在一起,让海量的信息资源能迅速地在用户面前完成共享,打破了传统图书馆单一的特性,使图书馆朝着数字化的方向不断完善。

(三)建设要点

数字图书馆的建设是一个巨大的工程,建设过程中不仅要有良好的硬件支持,还要有雄厚的软件资源配备。第一,数字图书馆不同于传统的图书馆,数字图书馆里的数据种类很多并且量很大,怎样快速又高效地把多样的媒体资源进行数字化处理,再将经过处理后的资源录入数字图书馆都是人工无法完成的,这就对技术提出了更高的要求。第二,在数字图书馆的建设过程中需要大规模的数据库技术对大量的数据进行保存和管理。第三,在数字图书馆的建设过程中需要精准的分类和检索技术,以便用户能方便快捷地找到自己想要的资源。数字资源在传输的过程中是非常脆弱的,当机器出现故障时都有可能会导致数据丢失,故障是随机的,不能人为地操纵它的出现,所以基于这样的情况,在建设的过程中应该要想出相应的策略来保障数学资源的保存和管理。

软件资源包括图书馆人员的培训、图书馆日常的维护与更新工作等。人员的培训在数字图书馆的建设过程中至关重要,工作人员专业的水平是数字图书馆正常运营的重要因素,努力提升图书馆工作人员的素质,加强对他们的管理,打造高素质的管理人才,提高工作人员的服务意识必须要重视起来。

无论是硬件资源还是软件资源都需要政府的支持，政府在数字化图书馆的建设工作中起着决定性的作用，其中包括技术的支持以及资金的投入。我国政府在进行数字化图书馆的建设过程中非常重视多元化发展，全方位满足建设过程中的资金投入问题，国外对数字图书馆的资金投入则利用政府、基金会、行业协会和企业等主体来进行投资。针对同一个问题，立足于不同角度，通向的是同一个目标，各国在数字图书馆的建设方面日益完善。

三、视频公开课

（一）简介

视频公开课是国家在线开放课程中的一种，是以共享优质的课程资源为目的，并将现代教育技术、教育教学规律、教师先进的理念和方法、促进学习者自主学习的理念通过网络的形式进行传播的开放式课程。视频公开课是传统课堂与现代信息技术下的产物之一，不仅有利于提高教师的教学素质，也能促进教学方式的改革。一节优秀的视频公开课应该包括良好的教师形象、流畅的教学语言、合理的教学设计以及恰当的时间把控等。这些小因素都对教师提出了更高的要求，在教师授课的过程也对自身进行了一定的促进和鼓励作用。而且视频公开课并非是简单的视频录制，它将知识性、教学性、宣传性、观赏性和科学性等多种个性融为一体，从而实现教师的讲和学习者的学共存的景象。

（二）国内外视频公开课

视频公开课在国外起步较早，最初是作为开放课程（Open Course Ware，OCW）的一个子类进行建设的。开放课程由麻省理工学院于2001年最早提出并率先实施，计划将该校所有课程都放在网络上让世人分享，使得任何网络用户都可以免费学习。随后，耶鲁、哈佛、剑桥、牛津等世界名校也都陆续开放校内课程,向公众无偿提供了众多的网络教学资源,并涉及人文科学、自然科学、社会科学等各个教育领域。从 2010 年开始,哈佛、耶鲁等国外著名大学的公开课在网上异常火爆,并对国内的教育产生了巨大的冲击。

2010 年 11 月,网易推出了一个公开的免费课程平台——网易公开课。网易公开课提供哈佛大学等世界级名校的公开课课程,可汗学院、TED 等教育性组织的视频,内容涵盖人文、社会、艺术、科学、金融等领域。其中部分课程配有中文字幕,用户可以免费观看这些课程。为了积极响应政府的号召,2011 年 11 月,由北京大学、清华大学等 18 所知名大学建设的首批 20 门"中国大学视频公开课"免费向社会公众开放。首批"中国大学视频公开课"推出以后,在全国高校的参与下,又陆续向社会推出数量更多、质量更高、内容更加丰富的视频公开课。视频公开课极具思想性、科学性和生动性,这些优点也带动了视频公开课的发展。"十二五"期间,我国建设了近 1000 门视频公开课,仅 2011 年这一年就建设了 100 门,2012—2015 年,总计建设视频公开课 900 门。① 截至 2016 年 1 月 3 日,有数据表明,所有的国家视频公开课的观看人数已经达到了 15601890 人,每门上线课程的平均观看人数为 15759 人,视频中的留言总数达到 167893 次,平均每门课程留言次数已达到了 169.6 次。② 以上一系列数据都说明视频公开课已经在社会上小有规模。

(三)建设要点

视频公开课是我国目前以来投资最多的一个课程项目,每门课程国家投资将近几十万元来建设精品视频公开课,可见视频公开课在社会上的关注度极高,但是调查显示,视频公开课的观看率并不理想,学习者在观看视频过程

① 刘彦楠、胡凡刚:《精品视频公开课建设现状调查》,《软件导刊(教育技术)》2017 年第 4 期。

② 陈耀华:《基于互联网思维的国家精品视频公开课优化研究》,《中国电化教育》2017 年第 8 期。

中缺少互动，没有达到预期的观看效果。虽然统计数据显示，观看视频的人数很多，但是我国是一个有着 14 亿多人口的大国，课程的观看人数只占了总人口数的 1/90，而参与互动的人数也只占了学习者总人数的 1/90，这一系列的数据表明，视频公开课的投入与效益没有达到对应的比例。① “互联网+”的时代建设者对这一现象也进行了深度思考，探讨视频公开课中出现的问题，充分利用互联网技术逐步优化课程的发展。

国家视频公开课主要的传播路径是互联网，针对上述的投入与效益不成正比的情况，下面将基于互联网技术对视频公开课提出几点建设性建议。第一，首先从学习者入手，视频公开课的选题是采用自下而上的校内推荐的方式，这就将范围局限在学校内部，放在更宏观的角度看就很难适合所有学习者。据此建议，今后视频公开课的选题要立足国家层面，可以选择在互联网收集选题，通过社会上的各种渠道对其进行补充。这样既调动了社会的积极性，又扩大了学习者的适用范围。其次，从教学者的角度看，可以从以下几个方面进行改进，首先是加强教师在录课过程中的适应能力，教学者需要改变以往的教学习惯，适应以网络为背景的教学环境，充分发挥视频公开课的特色；再者是加强与技术人员的交流，优秀的视频需要强大的技术支持，两者在构建一节视频公开课中是相辅相成的，缺一不可。所以，教师在录制视频的过程中需要及时地和技术人员进行沟通，更好地完善视频。最后是反思教学，由于视频公开课时间有限，以简短的视频为主，但是也要包含一个完整的知识点，所以教学者一定要不断优化教学设计，在规定的时间内灵活地调整教学策略，精进教学过程。第二，将视频公开课的内容和服务进行融合。视频公开课如果仅以发布视频后播放就结束难免会有在线式传统课程的走向，这与网络视频公开课的初衷相悖，视频公开发布后更加需要后期全面、细致的服务，包括帮助学习者答疑解惑、及时地搜集学习者的学习反馈和学习者满意度调查等。因此，

---

① 陈耀华：《基于互联网思维的国家精品视频公开课优化研究》，《中国电化教育》2017 年第 8 期。

可以适当地为学习者提供讨论模块,同一个问题,基于教学者的视角和基于学习者视角下得出的结果是有差异的,学生与学生之间的互动交流往往比师生之间的互动交流更轻松愉悦,年龄相仿的群体之间也可能以兴趣作为纽带进行交流和研究。优质的后续服务也是一种保障,同时可以帮助课程建设者进一步提升,为学习者提供更多的需求。第三,增加辅助学习的电子学习资料。电子学习资料可以采用 PPT 或 Word 的形式附加在视频公开课的后面,同时必须可供学习者随时下载,这样就解决了视频公开课只能在线观看的短板。一般来讲,文字型的资料要比视听型的资料更让学习者印象深刻。

四、移动智能终端 APP

(一)简介

在数字化的时代,移动智能终端技术日渐成熟,移动智能终端设备在移动学习中的应用越来越广。基于移动智能终端设备的学习不再受时间和空间的影响,大大提升了学习资源的利用率,学生可以随时随地通过网络获取自己想要的知识,让学习变得更加高效。移动智能终端 APP 的出现推进了教学信息化的发展,移动教学解决了很多传统课堂中存在的问题,传统的课堂只有书本、粉笔和黑板这些单一的教学工具,学习的场所只有教室或机房,教师一直是课堂的主导。而网络环境下的教学不仅可以给师生提供多样的学习软件和平台,还增加了不少传统课堂没有的模块,例如,自主学习、课堂讨论等,这让教学变得更加民主。

(二)国内外移动智能终端 APP

移动智能终端不仅携带方便,而且能够快捷地为学习者提供服务,深受广大学习者的喜爱,很多高校也因此关注起移动学习,以美国、英国为代表,部分发达国家已经陆续在本国开展了移动学习的研究项目,几个国家的手持式智能终端在教育中运行良好并取得了良好的成绩。2001 年,美国启动了棕榈教育项目(Palm Education Pioneer Project),确定了北美地区移动学习教学应用的基本方向。从 2010 年起,随着智能手机使用的普及,3G/4G 移动通信和无线网络技术的成熟,教育 APP 的开发与应用进入一个持续上升的发展阶段。特别是在 2014 年,中国智能手机用户数量首次突破 5 亿人,美国智能手机用户量达到 1. 65 亿人,印度智能手机用户量达到 1. 23 亿人,全球智能手机用户量超过 16 亿人,这直接促进了移动智能终端 APP 的“井喷式”增长。

我国移动智能终端 APP 的发展较晚。2012 年,中央电化教育馆发布了《数字校园示范建设参考指标》,该参考指标将在学校及课堂上下开展移动学习作为数字校园建设的目标之一。截至 2014 年,仅仅三年的时间我国就有 350 家公司创立了在线教育。同时,政府对在线教育平台的建设也投入了超过 100 亿元的资金,其中最显著的表现就是移动 APP 的增长。仅 2014 年一年的时间,教育类的 APP 数量就达到 7 万多个,并且这一数量并没有停止增长,随着网络技术的不断发展,教育类的 APP 正以 35%以上的速度继续增长着。2015 年,浙江省正式开始了移动学习的试点项目,该项目得到了省级政府的大力支持。近年来,多省市陆续开始了利用移动终端开展教育教学,为教师配备移动教学智能终端设备,在学生中开始实施电子书包等项目,鼓励有条件的学校充分利用智能终端设备开展数字化教学。移动智能终端 APP 摆脱了时间、空间和地域的限制,学习者只需要一部移动设备和良好的网络就可以随时随地进行在线学习,大大提高了在线教育的广度,让学习者的生活变得更加丰富多彩。但与国外的发达国家相比,我国的移动教学尚未普及,2010 年,iPad 出现在我国之后,基于移动设备的教学才开始受到关注,逐步应用到教学中去,近年来,我国基于移动设备的教学一直都在朝前发展,但是目前移动设备应用于课堂尚未普及。

(三)建设要点

移动互联网背景下的在线教育越来越受大众的关注,一系列的教育 APP 通过其多样便捷的优点受到广大群众的喜爱。移动设备的出现加快了人们获取信息的速度,给我们的生活、工作和学习带来意想不到的便利,让我们的社会朝数字化迈进了一步。

然而先进的网络技术也是把“双刃剑”,在带来便利的同时也带来了很多问题。在建设过程中需要关注并解决以下几个问题:第一,移动学习是基于智能终端设备的,在移动学习热度高的情况下,各类移动智能终端设备也开始出现,有些设备由于质量问题在使用过程中会出现死机、病毒入侵等问题,从而导致我们的资料丢失或泄露等问题,这给建设者一个提醒,在建设过程中不仅要注重软件资源的质量,也要关注硬件设备的资源。第二,移动智能终端 APP 的出现改变了传统课堂的学习方式,变学生被动地接受知识为基于移动设备的自主学习,但不能因此而忽略了教师的主导性,教师依旧要在课堂中做好引导工作,在让学生进行自主学习的同时有明确的方向,建设者可以在移动智能终端设备上添加教师管理的模块,教师能够实时了解学生在课堂上的学习动态,这样更有利于教学,不少已经在课堂中使用移动终端智能设备的学校已经达到了这样的效果,但目前由于地区差异,这一现象还未普及。第三,信息化教学的顺利开展离不开网络的支持,所以决定实施移动智能终端设备的同时还需要考虑网络问题,可以采取和有关部门合作的方式,确保网络的稳定性,提高移动智能终端设备的使用效率。

第二节　全民终身学习视野下我国在线教育体系资源建设的实施主体

基于学习者类型的多样化,学习者认知能力、经验水平、现实需求等各不相同,仅依靠一个主体难以实施,需要政府部门的政策推动、高等学校的师资力量、专业协会的研发创新与商业机构的技术支持等不同实施主体发挥不同作用,共同促进在线教育体系资源的建设。

一、政府部门

政府部门是推进在线教育体系资源建设的主力,主要负责从宏观层面进行指导,协调多方工作,从而形成生态良好的在线教育资源池。

就国家级政府部门而言,当前各国教育部对在线教育的关注度越来越高。如英国政府对在线教育板块投入非常多,建立了"未来学习"平台,让更多的人接受到一流的大学教育;2014 年 10 月,Coursera 公司和美国政府正式合作创办了全球"学习中心",让世界各地的学生都能通过网络学习来自不同高校的在线课程。除了学习资源方面的支持,美国政府还加强了硬件设施建设,早在 2017 年之前,美国政府就出台了将无线网覆盖全国的计划,为各地的学习者提供更便捷的学习环境。① 与国外相比,我国在线教育发展较晚。改革开放以来,我国一直都在加强对教育信息化项目的建设,2004 年教育部颁布了《中小学教师教育技术能力标准(试行)》,2013 年教育部颁布了《教育部关于实施全国中小学教师信息技术应用能力提升工程 2.0 的意见》②,一系列政策的出台推动了我国的教育改革,同时也得到了社会各个领域的支持。2015 年 3 月,李克强总理在政府工作报告中正式提出"互联网+"行动计划,加速了互联网、大数据、物联网、云计算等创新领域的融合。2019 年 10 月 2 日,教育部等部门提出截至 2020 年,将大幅提升在线教育的基础设施建设水平,届时互联网、大数据、人工智能等现代信息技术在教育领域的应用已经可以达到炉火

① 李飞燕、廖正微:《湖北省部属、省属本科院校在线学习平台现状调研》,《软件导刊(教育技术)》2017 年第 4 期。

② 李飞燕、廖正微:《湖北省部属、省属本科院校在线学习平台现状调研》,《软件导刊(教育技术)》2017 年第 4 期。

纯青的境界。

就省级政府部门而言，为了积极响应国家政策，已有很多省级教育部门发布了一系列促进在线教育发展的政策。2018年，上海发布了《上海市教育信息化2.0行动计划》，要求“以大规模因材施教和个性化学习为抓手，统一实施教育城域网接入互联网”。2019年年底，河北省人民政府发布了《河北省教育厅等十一部门关于促进在线教育健康发展的实施方案》，要求“深化基础教育在线资源开发和应用；加强职业教育在线资源建设；丰富高等教育在线资源”，全面贯彻了终身学习的理念。

总的来说，各级政府都在积极推进在线教育体系资源的建设，在推进的过程中也不忘保证在线教育的良性发展。政府部门对在线教育资源的建设作出宏观性指导，有利于引起人们的重视，充分调动人们的积极性，从而促进在线教育的发展。

二、高等院校

高等院校应切实承担建设在线教育体系资源的主体责任，把在线教育作为课堂教学的补充，把建设在线教育资源作为推进教育教学变革的重要举措，积极探索并推进在线教育的应用与发展。

就国外高等院校而言，很多高校在建设在线教育平台上花费了大量的精力。2012年12月，英国伦敦国王学院、华威大学、利兹大学等12所大学联合英国开放大学共同设立了“未来学习”网络教育平台，这个平台是英国首个开放式跨学府的免费在线课程学习平台，截至2013年11月，平台上共推出了17门覆盖各个领域的课程。① 由此可以看出，各国各大高校在建设在线学习平台上都投入了很大的精力，为满足学习者个性化的在线学习作出了很大的努力。从2013年秋季到2014年夏季，哈佛大学和麻省理工学院在联合创办

① 曾婷：《在线教育市场细分及其商业模式研究》，东南大学2015年硕士学位论文。

的在线课程平台 edX 上推出了 17 门课程。除了在线教授相关课程以外，麻省理工学院和哈佛大学将使用此共享平台，进行教学法研究，促进现代技术在教学手段方面的应用，同时也提高学生的学习效果。

就国内高等院校而言，自 2012 年“慕课年”以来，国内很多知名高校开始重视开放教育。另外，习近平总书记在“十三五”规划纲要中也强调了“互联网+”和信息化建设的重要性，大大推动了我国在线教育体系的改革与发展。2011 年 10 月 12 日，教育部发布了《教育部关于国家精品开放课程建设的实施意见》，意见中指出精品视频公开课的建设应以高等学校为主体。2013 年，清华大学创办了“学堂在线”，学堂在线是我国第一个高校慕课平台，对高校的在线教育起到了很好的领头作用。2014 年，网易云课堂与高教社共同创办了“中国大学慕课”，承接教育部国家精品开放课程任务，向大众提供中国知名高校的慕课课程。据有关调查发现，教育部直属的 8 所高校建设的在线学习平台不止一个，有的是基于课堂教学的中国数字大学城的学习平台，有的是注重学生知识拓展的爱课程网学习平台，不同的学习平台有着不同的模块，学习者可以根据自己的需求进行选择，很大程度上满足了学习者的个性化学习需求。

总的来说，高等院校是在线教育体系资源建设的重要地点。在线教育的发展给高等教育的教育教学带来了新的机遇与挑战，一方面激发了学习者的积极性和学习兴趣，另一方面也促进了教学内容、教学模式等发展与变革。因此，高等院校应积极响应国家号召，推动形成在线教育体系资源的可持续发展模式。

三、专业协会

专业协会是建设在线教育体系资源的另一重要地点，如各国由高等院校牵头的教育协会、联盟等，还有各地的民办协会，在一定程度上起到积极的推动作用。

就由高等院校牵头的教育协会、联盟而言，该类学术组织积极响应国家政策,将一批建设在线教育资源的有志之士凝聚在一起,共同研究和探讨相关问题。如亚洲开放大学协会(Asian Association of Open Universities,AAOU)。成立于 1987 年,是亚洲地区远程开放教育院校间非政府的学术组织,其宗旨是推动远程教育在亚洲的发展,为亚洲人民拓宽接受教育的机会,促进远程教育质量和效益的提高。每年来自世界各地的远程教育研究者、工作者都通过这个平台共同探讨远程开放教育最新问题,交流前沿研究成果。再如,中国成人教育协会人力资源教育专业委员会、中国呼叫中心与电子商务发展研究院、中国科学技术大学终身学习实验室、安庆智慧产业园、安庆新元联创管理咨询有限公司、中教新媒(中国远程教育新媒体)联合国内在线教育知名企业、教育培训机构、服务商及媒体,共同发起成立"中国在线教育产业联盟"。"中国在线教育产业联盟"按照"平等、互利、协同发展"的原则,积极搭建中国在线教育领域的"资源共享、技术互补、项目合作、市场协同、研讨交流、人才培养"平台,推动联盟成员间最大限度的合作共赢,努力实现联盟成员利益最大化,并致力于成为中国乃至世界教育产业的重要影响力量。

就各地的民办协会而言,该类社会组织是由全国教育工作者自愿结成的,对于建设在线教育体系资源能够起到积极的宣传监督作用。例如,2019 年 4 月 30 日,湖南省民办教育协会在线教育专业委员会正式成立。在线教育专业委员会的工作职责是:组织政策学习、开展专业研讨、行业自律、行业维权、培训交流和其他服务活动,助推在线教育产业规范发展、加强产业各方深度互动与交流合作、搭建在线教育资源开发与应用平台。为了更好地适应新形势,把握新机遇,湖南省民办教育协会在线教育专业委员会提出"逐步扩大发展成员单位,积极开展线上、线下各项活动,努力搭建互动平台……从而促进湖南省在线教育行业持续、稳定、规范、健康地发展"。除此之外,该类协会还会定时举办学术沙龙,互相分享交流当前在线教育的发展现状及对未来的思考,通过思想的碰撞、资源的整合,群策群力,从而促进在线教育行业更好、更快地发展。

总的来说,专业协会能在一定程度上充分发挥在线教育行业组织的服务、沟通、协调和监督作用，它既能对政府部门提出相关的策略建议，也能协调在线教育行业与相关产业的关系，加强行业内外的信息交流与合作，从而保证在线教育行业稳定、健康地发展。

四、商业机构

近些年，在线教育产业飞速发展，这让很多商业机构看到了该行业的良好前景，大量的机构开始推出在线教育平台，其中包括从事教育行业的专业教育公司、从事其他行业的非专业教育公司。值得注意的是，目前，很多互联网公司充分利用其网络媒体的优势，开始进军教育行业，将互联网与教育相结合，积极推进在线教育。

就专业教育公司而言，机构人员具有一定的专业教育背景，其推出的在线教育平台或 APP 等相对于非专业的机构来说更具有教育性。例如，2012 年 2 月，Alleyoop 世界最大的教育出版公司培生（Pearson）推出了一家初创公司，该公司是一家融合游戏元素的个性化学习企业。Alleyoop 通过仿效 Zynga 模式，结合自适应学习（Adaptive Learning）和游戏化（Gamification）的一些元素，将现有学习内容组织成游戏形式，来鼓励和帮助青少年更好地学习。当学生做作业遇到难题、上网搜索寻求帮助时，学生可以在 Alleyoop 的网站上找到相关的指导和练习。青少年可以使用虚拟货币随时访问 Alleyoop 上面的优质内容。用户通过完成各种任务来赚取“Yoops”虚拟货币，但如果想更快地使用像一对一辅导等功能，真金白银就少不了。Alleyoop 会与提供付费服务的合作网站进行收入分成。目前，Alleyoop 只面向 13—18 岁的学习者提供数学方面的帮助。

就非专业的教育公司而言，该类公司之前未接触过教育行业，但他们会充分发挥自己的专业性，将教育与其他产业结合起来，从而促进在线教育的多元化发展。例如，由武汉比城特数字科技有限公司打造的“青木云”（Aoki Cloud）平台，是针对企业需求量身定制的在线教育平台，服务对象是对所提供岗位有特定需求的企业。“青木云”可以为这些公司定制课程，目前已有 35

家公司入驻该平台。平台提供80多种专业定制服务和课程。这些满足商业需求的定制课程由学生在平台上学习。当学生通过这些课程的测试,他们将具备获得公司职位的技能资格和被录用的机会。“青木云”平台将为有一定实力的中小企业建立人才培养机制,让更多的企业参与进来并以相对可承受的成本发展他们的才能。

就互联网公司而言,该类公司具有良好的发展前景,例如网易公司(NetEase)。网易公司是中国领先的互联网公司,2000年6月网易公司在美国上市。2011年11月,网易推出了“全球名校视频公开课项目”,首次发布了1200节在线课程,这些课程均来自世界各国的知名学府。从2011年2月开始,网易又推出了基于移动设备的视频公开课,学习者不仅可以在移动设备上观看视频课程,还可以通过手机下载需要的课程,为我国的非正式学习作出了很大的贡献。① 除了网易,中国网络电视、新浪公开课、腾讯公开课、搜狐教育频道、中国开放教育资源等平台都推出了视频公开课,众多的网络公开课资源给社会带来了巨大的效应。

总的来说,商业机构给在线教育行业注入了新鲜的力量,大大促进了在线教育的多元化发展。商业机构除了推出面向基础教育和高等教育的在线教育平台和课程外,还会关注职业教育、成人教育等,全面贯彻了终身学习的理念。

第三节　全民终身学习视野下我国在线教育体系资源建设的经费来源

随着在线教育市场的发展壮大,来自不同渠道的大量资金投入到在线教育资源建设的市场中。以高校为代表的在线教育资源建设主要靠国家的教育经费与社会资本支持,并通过提供课程或学位认证以及出售慕课技术盈利;以

① 李博博:《视频公开课建设与共享现状调查》,《软件导刊(教育技术)》2018年第9期。

企业为主体的在线教育资源建设主要靠企业自由投资与社会融资支持，并通过有偿提供部分精品课程与教材、提供增值服务等盈利。当然，一些传统教育企业也开始涉足在线教育市场。

一、政府部门拨款

教育信息化是指在教育领域（教育管理、教育教学和教育科研）全面深入地运用现代信息技术来促进教育改革与发展的过程。因此，教育信息化包含了在线教育。2011 年 6 月，教育部发布的《教育信息化十年发展规划（2011—2020 年）》（征求意见稿），明确提出各级政府在教育经费中按不低于 8%的比例列支教育信息化经费，保障教育信息化拥有持续、稳定的政府财政投入。《中国教育现代化 2035》明确提出确保财政一般预算教育经费支出逐年只增不减，保证国家财政性教育经费支出占 GDP 的比例不低于 4%。

据中研研究院《2020—2025 年教育信息化行业市场深度分析及发展策略研究报告》显示，财政部对教育信息化的建设投入也不断提升，从 2013 年的 1959 亿元增加至 2017 年的 2730 亿元。2018 年教育信息化经费投入更是升至 2972 亿元左右。如图 2-1 所示。

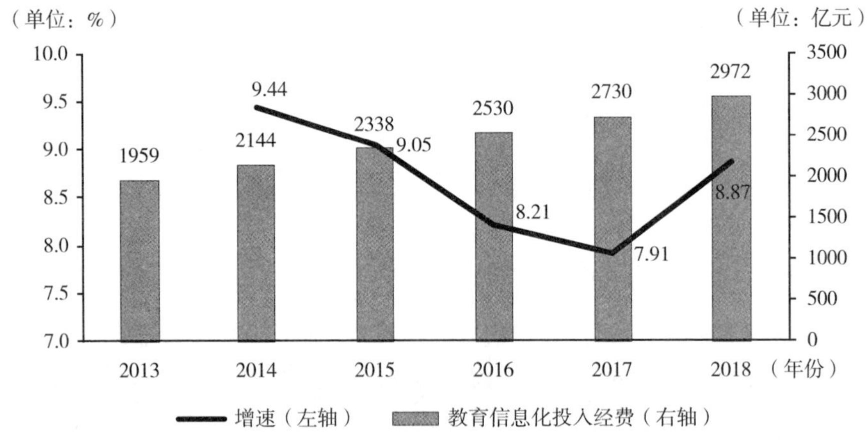

图 2-1　2013—2018 年中国教育信息化行业经费投入规模情况

作为在线教育体系类型之一的慕课，为学习型社会建设开辟了新途径。随着慕课数量和学习人数的爆发式增长，我们必须提高慕课的质量，以提高学习效果。因此，政府开始推出“国家精品在线开放课程”，并提供相应的经费支持。2013 年，教育部发布了《教育部办公厅关于公布教师教育国家级精品资源共享课立项建设课程名单的通知》，通知中明确表示，教师教育国家级精品资源共享课立项建设课程资助经费标准为每门课 10 万元，而对于未通过中期检查和验收的立项建设课程，有关高等学校退还已拨付的资助经费。

除此之外，学校对慕课精品课程也会提供一定的资助。如 2008 年，中央财经大学便对精品课程给予了一定的资金支持，对于不同级别的精品课程有不同的奖励以及经费支持：(1)教育部评选的国家级精品课程：教师作为课程负责人获得立项者，给予 5 万元奖励，并给予每年 2 万元的精品课程维护经费；(2)北京市精品课程：教师作为课程负责人获得立项者，给予 3 万元奖励，并给予每年 2 万元的精品课程维护经费；(3)校级精品课程：教师作为课程负责人获得立项者，给予 2 万元经费资助，上网后给予每年 1 万元的年度维护经费。2020 年，华南师范大学发布了《关于公布 2020 年度校级精品“在线开放课程”“线下课程”“线上线下混合式课程”“社会实践课程”立项名单的通知》，其中对精品课程的经费进行了具体的说明：校级精品“在线开放课程”资助标准为 10 万元/门(已在国内大型慕课平台上线的课程，资助标准为 1 万元/门)；校级精品“线下课程”资助标准为 1.5 万元/门；校级精品“线上线下混合课程”资助标准为 2 万元/门；校级精品“社会实践课程”资助标准为 1.5 万元/门。国家政府相关部门以及学校拨款开发慕课精品课程，一方面能够保证课程的质量，另一方面可以提高教师的积极性。

政府部门拨款能够为我国的在线教育事业发展提供物质保障，保障我国在线教育水平的总体进步与发展，对我国在线教育的整体发展起到了保障性作用。

二、平台盈利

目前,国内外在线教育平台的经费除了来自政府拨款和企业融资外,还有一部分来自平台的盈利,包括内容收费、平台抽佣、会员服务、广告收费以及增值服务。大部分平台的盈利点主要是抽佣和广告费,而教育产品则主要依靠内容收费,只是将传统线下教育的销售渠道和使用场景搬到了线上。

第一,内容收费。内容收费是在线教育平台最普遍的一种盈利模式,也是目前众多在线教育的主要盈利模式。该模式通过线上提供网络课程或教学资料来获取收益,有助于最大化地发挥平台自身的优势。既然是内容收费,那么产品的质量和多样性便至关重要。只有满足不同消费者的需要,用户才会愿意为其买单。并且平台可以凭借自身优质的内容,打造良好的口碑,口口相传,通过已有用户去挖掘潜在用户,以此扩大客户群体,提升市场份额。如"慕课网"平台中的"实战课程"均为收费课程,包括但不限于前端开发、一系列 Java 课程、云计算与大数据课程等,用户可以根据需求购买课程学习。

第二,平台抽佣。当在线教育平台的自营课程供给不能再满足用户需求时,就需要一些三方的其他教育机构或者个人 IP 讲师入驻平台,这种模式下的收费模式往往是抽佣收费。从性质上来说,在线教育平台就像是中介,平台允许教育机构或个体教师向用户提供课程和服务来获得盈利,具体成交额由教育机构或个体教师决定,平台也会从成交额中按比率收取一定费用。如果教育机构或个体教师吸引的用户越多,那平台就会相对获得更多的利益。类似于"淘宝"平台,卖家入驻淘宝,通过这个平台进行销售,而淘宝会抽取一定的佣金作为入驻费用。但是对于在线教育来说,该种模式正处于发展阶段。

第三,会员服务。会员收费模式获得收益的方式是在线教育企业通过向用户提供平台上的教育资源来获取充值付费。目前,越来越多的在线教育平台开始推出会员制,除此之外,作为现金流巨大的电商平台也将付费会员放在越来越重要的地方。目前此种模式被许多在线教育平台所采用,会员制让用户感受到物超所值,已经是一种常见的营销模式之一。会员服务能够锁定用户,增强用户黏性,不让其流失。

第四,广告收费。广告收费模式获得收益的方式是在线教育企业通过在其网站或 APP 上提供广告位,来收取广告投放费或广告位租赁费,这是目前比较普遍的盈利模式。大部分的收费方式是平台针对每个关键词自由定价,并按照检索结果后被点击的实际次数进行收费。当然,该种收费方式就要求采用这种模式的在线教育平台具有一定的知名度,且有一定的流量。如中国大学慕课首页会定期投放广告,一般都为课程推荐广告,在一定程度上可以引起用户的兴趣,增加课程的点击率。

第五,增值服务。增值服务收费模式获得收益的方式是在线教育企业通过为用户提供相应的增值服务来收取一定的费用,增值服务包括很多种形式,如制订备考方案、课后答疑解惑、批改申论试卷、点评模考试题、职位报考指导、考前心理辅导等,但是核心一定是服务和知识。该模式具有很好的交互性,可以及时有效地满足客户的个性化要求,增加用户的黏性,提高用户的满意度,实现产品增值,提升企业盈利水平。例如,中华培训网开发了一种高级课程,除了配备高水平师资以提供优质的教学内容外,还提供学习过程答疑、会计实务咨询等额外的服务,相比普通同类课程来说,其收费标准提升了数倍。因此,从其突出优势来看,课程辅导的增值服务收益,或许将会是一个具有潜力的利润增长点。

在线教育平台的盈利模式是保持平台平稳运行的一种有效措施,但仍处于探索阶段,在发展的过程中引发了很多问题,需要进一步解决。

三、商业机构投资

在政府促进教育信息化发展的背景下,我国在线教育行业迎来较好的发展机遇。在市场需求的驱动下,在线教育行业吸引了众多投资加入,推动着该行业更加健康飞速地发展。

网经社“电数宝”电商大数据库监测数据显示，2019 年，我国在线教育行业共发生融资事件 150 起，融资总额达 115 亿元。2020 年 1—5 月，共发生了 36 起融资事件（见图 2-2）。

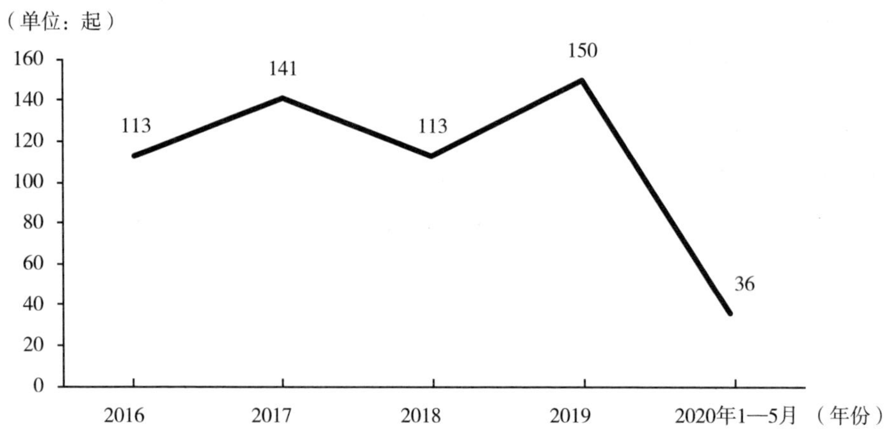

图 2-2　2016—2020 年 5 月我国在线教育行业融资事件数量

从融资事件的区域分布来看，2019 年，我国北京、广东和上海的在线教育平台发生的融资事件最多，分别发生了 77 起、28 起和 17 起。总体来看，这些地区教育资源丰富且互联网技术较为成熟，为在线教育平台的发展提供了更有利的发展环境（见图 2-3）。

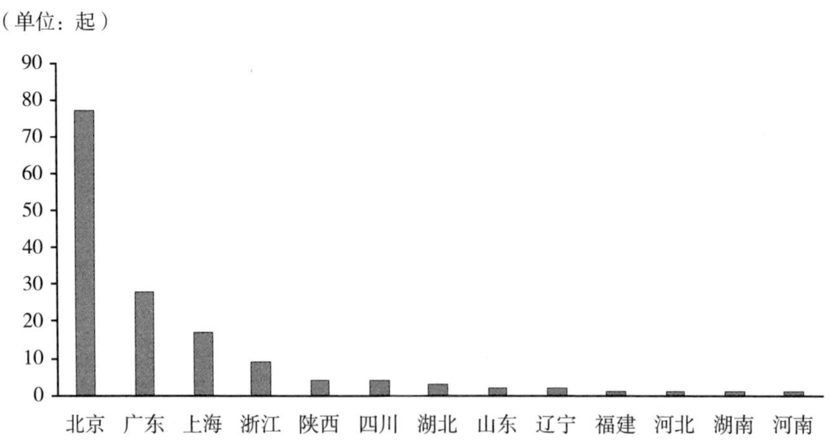

图 2-3　2019 年我国在线教育行业融资事件区域分布

另外，国外多个在线教育平台也完成了多轮商业融资。2020 年 7 月 17 日，据美国 Coursera 官方披露，公司已完成了其 1.3 亿美元的 F 轮融资（F 轮融资的一部分），本轮投资由一家全球风险投资公司（New Enterprise Associates，NEA）领投。据报道，在完成了 1.3 亿美元的融资后，Coursera 的估值达到了 25 亿美元。迄今为止，Coursera 已完成了 9 轮融资，总资金金额为 4.64 亿美元（见表 2-1）。

表 2-1　Coursera 9 轮具体融资情况

融资日期	交易名称	投资者人数	筹集资金	牵头投资者
2020 年 7 月 17 日	系列 F-Coursera	6	1.3 亿美元	全球风险投资公司 NEA
2019 年 4 月 25 日	系列 E-Coursera	3	1.03 亿美元	SEEK 亚洲投资有限公司
2017 年 6 月 7 日	系列 D-Coursera	8	6000 万美元	GSV 资产管理公司
2015 年 10 月 27 日	系列 C-Coursera	6	1160 万美元	新加坡全球投资公司（EDBI）
2015 年 8 月 25 日	系列 C-Coursera	4	4950 万美元	全球风险投资公司 NEA
2013 年 11 月 24 日	系列 B-Coursera	3	2000 万美元	—
2013 年 7 月 10 日	系列 B-Coursera	6	4300 万美元	世界银行
2012 年 7 月 17 日	系列 A-Coursera	2	600 万美元	—
2012 年 4 月 18 日	系列 A-Coursera	2	1600 万美元	科琳娜·伯克斯（Kleiner Perkins）风险投资公司、全球风险投资公司 NEA

2015 年 11 月 11 日，在线教育平台 Udacity 获得 1.05 亿美元的 D 轮融资。至此，公司估值已超 10 亿美元，正式加入独角兽俱乐部。与 Coursera 相比，Udacity 融资的次数较少，且所筹集的资金也相对较少。迄今为止，Udacity 已完成了 4 轮融资，总资金金额为 1.6 亿美元（见表 2-2）。

表 2-2　Udacity 4 轮具体融资情况

融资日期	交易名称	投资者人数	筹集资金	牵头投资者
2015 年 11 月 11 日	系列 D-Udacity	7	1.05 亿美元	贝塔斯曼(Bertelsmann)跨国媒体公司
2014 年 9 月 24 日	系列 C-Udacity	7	3500 万美元	—
2012 年 10 月 25 日	系列 B-Udacity	3	1500 万美元	安德森·霍洛维兹(Andreessen Horowitz)风险投资公司
2012 年 1 月 1 日	系列 A-Udacity	1	500 万美元	CRV 投资公司

与 Coursera 和 Udacity 不同,Springboard 是一家专门面向职业培训的在线教育公司。Springboard 由帕洛拉·古普塔(Parul Gupta)和塔姆坦拜(Gautam Tambay)创办于 2013 年,公司主要提供在线课程以及 1 对 1 的线上导师指导。目前,Springboard 上所提供的课程主要是服务即将进入社会的大学毕业生,帮助这些大学生获得和提升实际工作所需要的必要技能,帮助他们获得一份理想的工作。2020 年 8 月 5 日,Springboard 获得了 3100 万美元 B 轮融资。该轮融资获得的资金,公司将用于扩大课程范围,并巩固与高等院校和企业的合作伙伴关系。迄今为止,Springboard 已完成了 7 轮融资,总资金额为 5320 万美元(见表 2-3)。

表 2-3　Springboard 7 轮具体融资情况

融资日期	交易名称	投资者人数	筹集资金	牵头投资者
2020 年 8 月 5 日	系列 B-Springboard	11	3100 万美元	Telstra Ventures 风险投资公司
2019 年 12 月 16 日	系列 A-Springboard	6	1100 万美元	Pearson Ventures 风险投资基金、Reach Capital 投资公司
2019 年 8 月 6 日	系列 A-Springboard	1	—	—

续表

融资日期	交易名称	投资者人数	筹集资金	牵头投资者
2017 年 12 月 19 日	系列 A -Springboard	6	950 万美元	Costanoa Ventures 基金公司
2015 年 12 月 26 日	种子轮 -Springboard	11	170 万美元	—
2014 年 5 月 3 日	非股权协助 -Springboard	1	—	—
2013 年 7 月 22 日	创业轮 -Springboard	1	—	—

在线教育行业良好的发展前景吸引了大批的投资者，而大量资金的涌入也促进了在线教育行业更好更快地发展，这对双方都是互惠互利的事情。然而获得资金其实只是在线教育的起点，如何把资金转换为吸引客户、稳定客户的能力才是最主要的。

四、慈善组织资助

部分慈善组织也为在线教育的发展提供一定的资金支持。2014 年 11 月，美国比尔及梅琳达·盖茨基金会为“数字化学习研究网络”（Digital Learning Research Network，DLRN）项目提供了 160 万美元的资助。该项目旨在联合并支持全美研究人员评估数字化学习对当今和未来高等教育的影响，缩小数字化学习研究与其实践成效之间的差距，同时扩大当前研究的广度与深度，进而有助于向数字化学习过渡的高校和高等教育中传统代表性不足的学习群体开展相关活动。

2015 年 11 月，美国卡内基基金会为史密森学会（Smithsonian）学习与数字化访问中心（SCLDA）以及加利福尼亚大学教育与信息学专业的教授马克·华沙（Mark Warschauer）提供为期两年、共 50 万美元的资助，支持其研究教师和学生在传统与网络课堂这两种情况下如何使用史密森学会中心的数字化学习资源。该研究项目旨在优化史密森学会学习实验室，改进教育领域的数字化教学和学习策略，确保文化机构提供的网络教育资源被教师获取并有效利用，以及提高学生的学习效果。

慈善组织的资助是在线教育获得资金的另一途径，当然，获得资助的在线教育平台必须具有一定的发展前景。但目前慈善组织资助主要发生在国外，国内较少，资助条件等一系列体系还不完善。

第四节　全民终身学习视野下我国在线教育体系资源建设的评价机制

评价机制关系整个建设过程的质量问题，资源的评价标准问题是在线教育发展过程中必须尽快解决的问题。当然，由于主体不同导致评价的视角也大不相同，是政府部门主导、教育机构主导、专业协会主导，还是用户群体主导，其评价方法、评价指标等各有千秋。

在线教育资源的质量是制约整个在线教育质量的一个关键环节，在线教育资源的评价标准问题是当前在线教育发展中必须尽快解决的一个重要问题。根据《教育资源建设技术规范》的要求，将在线教育教学资源分为 11 大类：媒体素材、优秀的教学文档（PPT）、题库、试卷素材、课件与网络课件、案例、文献资料、常见问题解答、资源目录索引、网络课程、网络课程资源包。其中网络课程资源包是指具有完整的课程知识体系，覆盖课程的所有知识点，可以脱离教学平台独立运行的网络课程资源。1991 年，贝特西·里士满（Betsy Richmond）首次提出了评价网络信息资源的“+C 原则”：内容（Content）、可信度（Credibility）、批判性思考（Critical Thinking）、版权（Copy－right）、引文（Citation）、连贯性（Continuity）、审查制度（Censorship）、可连接性（Connectivity）、可比性（Comparability）和范围（Context）。①该“+C 原则”对于在线教育资源的评价具有深远的影响，且一直沿用至今。

---

① Richmond, Betsy, Everhart, Nancy, Auer, Nicole J., “CCCCCCC.CCC(ten Cs): For Evaluating Internet Resources”, *Emergency Librarian*, Vol.25, No.5, Summer, 1998, pp.20-24.

一、以政府部门为主导的评价

2014 年,现代教育技术中心发布的《教育资源建设技术规范》中明确提出,“教育资源建设是教育信息化的基础,是需要长期建设与维护的系统工程”。并对教育资源开发的质量提出了要求:“教育资源是指蕴含了特定的教育信息,以能创造出一定教育价值的各类信息资源,特别是能以数字信号在互联网上进行传输的教育信息。数字化和教育价值是它的核心特征,它的开发,有相当高的技术要求和教育性要求。”《国家教育事业发展“十三五”规划》提到“质量”一词 72 次,并提出“制定在线教育和数字教育资源质量标准”“制定在线开放课程教学质量评价标准”。可见,国家对教育质量、教育资源质量,包括在线教育资源质量的重视,并期待出现质量保证的方法和工具。

早在 2002 年,教育信息化标准委员会便对网络课程的资源制定了评价规范(《网络课程评价规范》CELTS-22),通过在设计、开发、传输、使用等不同阶段对网络课程资源进行阶段性评价和最终评价,从而规范在线教育的质量。表 2-4 仅列出了一级指标以及二级指标。

表 2-4　网络课程评价规范

一级指标	课程内容	教学设计	界面设计	技术
二级指标	课程说明 内容目标一致性 科学性 内容分块 内容编排 内容链接 资源扩展	学习目标 目标层次 学习者控制 内容交互性 交流与协作 动机兴趣 知识引入 媒体选用 实例与演示 学习帮助 练习 练习反馈 追踪评价 结果评价	风格统一 屏幕布局 易识别性 导航与定向 链接标识 电子书签 内容检索 操作响应 操作帮助	运行环境 安装 可靠运行 卸载 多媒体技术 兼容性

本规范定义了课程内容、教学设计、界面设计和技术四个维度的特性，每个维度下包含具体的评价指标，以最小的重叠描述了网络课程的质量特性。通过定义网络课程评价的基本框架和指标体系，来规范和指导网络课程的质量评价，同时对网络课程的设计也具有一定的指导意义。

二、以教育机构为主导的评价

建立数字教学资源建设评价机制，必须从学校的实际出发，紧密结合学校的各项政策，既要调动好教师的积极性，又要具有良好的可操作性，以制度作保障，使教学信息化建设可持续发展。

以汕头大学医学院为推动教学信息化建立的在线教育资源建设评价机制为例进行说明。[①] 该校制定具体的“教学信息化工程”表彰奖励评比办法，将年度教学资源与网络课程建设量化，再进行综合排名。具体的计算方法如下：

综合得分=教学资源建设得分+教学交互得分+奖励分；

教学资源建设得分=授课资源总数+课外资源总数+添加作业数+添加教学问卷数；

教学交互得分=生均递交作业数×学生系数×班级数+①上传自测试题数/40+②试题被测数之和/40［其中：②≤①］；

奖励分=各类排行榜名次得分+“教学质量评价系统”中“教学信息化”指标项名次得分；

授课资源总数=①授课录像数×4+②授课课件数×2+③其他授课用资源（包括：图片、动画、音频、软件、其他）总数［其中：③≤（①+②）/2］；①、②两项是为全英班授课且为全英授课资源，其得分再乘以2；

课外资源总数=①视频类资源数+②课件类资源数+③其他类资源（包括：图片、动画、音频、软件、网站、其他）总数［其中：③≤（①+②）/2］；

---

① 解文明、欧少闽、张伟山、林展宏：《建立高校数字教学资源建设激励和评价机制的探索》，《现代教育技术》2012年第8期。

课外资源总数≤授课资源总数,即课外资源得分不能大于授课资源得分;

学生系数为(教师人均教学数-50)/100+1,人均教授学生数不足50的,按1计;

各类排行榜名次得分为授课录像、授课课件、其他授课用资源、课外视频类资源、课外课件类资源、课外其他类资源6项的每项下载率排名,排行榜前5名每项加4分,6—10名每项加2分;

"教学质量评价系统"中"教学信息化"指标项学生评价生均得分排行榜1—10名得8分,11—20名得6分,21—30名得4分;

每个授课录像时间不小于30分钟,小于30分钟的按50%计入;图片每张为1/50分;推荐网站链接每个为1/5分(最多1分)。

该种评价方式是以数字教学资源建设和网络课程建设为重点,目的在于推动广大教师全面参与和学生广泛使用。而量化的评价方法能够更直观、更科学地发现当前资源建设的问题,为资源建设的科学决策提供参考。

三、以专业协会为主导的评价

专业协会为主导的评价对整个在线教育市场具备监督与管理作用,是在线教育体系评价机制必不可少的一部分。以专业协会为主导的评价能及时了解市场情况,促进在线教育管理制度化与标准化,推动在线教育市场健康发展。

2020年全国两会召开之际,全国政协青联界别提交《关于进一步规范中小学在线教育市场的提案》,建议积极推动在线教育立法、加强在线教育市场监管、扶持合法在线教育平台。

首先,全国青联建议积极推动在线教育立法,出台专门针对在线教育的管理办法,确保在线教育行业的发展和治理有法可依、有章可循;建议教育主管部门明确在线教育准入条件与资质认证流程,建立健全在线教育资源的备案审查制度,明确在线教育平台在师资管理、资质审查、教学质量、收费退费、资金托管、隐私保护、知识产权保护等方面的责任与义务。

其次，全国青联建议加强在线教育市场监管，由市场监管、教育、互联网管理等多部门联合成立专门的在线教育培训平台审查管理机构，加强对在线教育平台的资格审定与内容管理，进一步细化监管标准、程序，统一标准，在开办资质、运营、服务质量、师资准入、内部管理、收费标准各个方面，构建紧密衔接的监管制度体系；建议推出线上教育“黑白名单”制度，根据督查结果定期向社会公开合规（白名单）和不合规（黑名单）的在线教育平台。

最后，全国青联建议教育部门加大对优质在线教育平台和资源的甄别优选力度、扶持力度以及推广力度，对学校网络基础设施进行升级，对名师名课进行梳理，打造优质的在线教育资源；引导在线教育行业协会提高自律水平，充分发挥在线教育行业协会在加强行业自律、促进行业发展、维护企业合法权益等方面的积极作用，引导行业健康有序发展。

专业协会对在线教育体系资源的建设具有重要的监管作用，上能协同政府相关部门，下能深入人民群众，在资源建设过程中提出专业的参考意见，推动在线教育行业可持续发展。

四、以用户群体为主导的评价

随着终身教育理念的普及，在线教育行业蓬勃发展，学习者对网络学习资源的需求也越来越高。当前，网络学习资源数量众多，良莠不齐，而学习者作为资源的直接使用者，应当成为资源评价的主体。以用户群体为主导进行评价，能够更好地评价在线教育资源，从而对在线教育资源的开发与建设起到积极指导作用。

辽宁师范大学的庄辛鑫通过研究国内外对网络信息资源的评价研究，并结合教育部教育信息化技术标准委员会发布的《网络课程评价规范》（CELTS-22）和教育资源建设技术规范（CELTS-31），设计了一份基于用户群体的在线教育资源评价指标（见表 2-5）。

表 2-5 基于用户群体的在线教育资源评价指标

一级指标	二级指标	三级指标	指标说明
学习者期望	个性化期望		学习者使用资源前对资源符合个人特定需求的期望
	可靠性期望		学习者使用资源前对资源可靠性的期望
	总体期望		学习者使用资源前对资源的整体期望
质量感知	内容质量	教育性	有利于激发学习动机,提高学习兴趣
		科学性	资源内容科学严谨,无学术性、表述性错误
		完整性	资源内容包括素材类资源、网络课程资源等各类学习资源
		丰富性	资源内容丰富,涵盖各专业的相关学习内容
		时效性	资源内容新颖,能够及时更新
		可信度	资源内容来源正规、可靠
		有用性	资源对您进行远程学习有所帮助
		针对性	资源能够满足您的个性化学习需求
		独特性	资源具有独到或创新之处,与通过其他网站等途径获得的资源不产生重复
	形式质量	美观性	资源展示效果好,如颜色、字体等设计适宜
		多样性	资源表现形式多样,运用文本、图形、图像、音频、视频、动画等媒体形式
		合理性	资源组织结构、界面布局合理
		识别程度	资源格式使用恰当,达到良好的视觉效果
	操作质量	易用性	资源使用简单,容易查找相关链接
		便利性	资源阅读、下载快捷方便
		互动性	使用资源的过程中可以进行反馈,可以与其他学习者交流
		及时性	对资源作出提问等操作时,能及时收到回复
	技术质量	安全性	资源使用过程中没有安全隐患
		稳定性	资源能够正常下载阅读使用
		兼容性	资源在不同网络环境下都能正常使用

以用户群体为主导的评价指标一般都包含上述几个维度,或在此基础上结合研究需求及发展现状进行适当增加和删减。总的来说,在线教育资源质量的高低直接影响学习者的学习质量和学习效果,通过对在线教育资源进行评价,建立一套完整的评价指标体系,从而促进教育信息化的进一步发展。

第三章　全民终身学习视野下我国在线教育体系的模型建构

模型建构是理解在线教育整体模式的一把钥匙，是全民终身学习视野下在线教育体系的必要组成部分，是实现专业理论知识和在线教育课程衔接贯通的重要方式，也是推动在线教育优化体系结构，面向人人，促进终身学习，提升服务社会能力的核心关键。元素的分析体现了在线教育体系现代化程度，也反作用于在线教育体系现代化的建设进程。因此，基于明确《中国教育现代化2035》战略任务，需要精准建构在线教育体系的模型，深刻剖析在线教育存在的问题，并提出针对性的改进路径，从而不断落实《中国教育现代化2035》要求，推进全民终身学习视野下在线教育的进程。

第一节　终身学习的推行

当今科学技术高速发展的形势下，广大社会成员对于不断学习、丰富自己的知识和提高自身的各种能力，有着越来越强烈的要求。党的十九届四中全会审议通过的《中共中央关于坚持和完善中国特色社会主义制度、推进国家治理体系和治理能力现代化若干重大问题的决定》，是推进教育各项工作的行动纲领，其中提出了“构建服务全民终身学习的教育体系”的战略部署。而且随着《国家中长期教育改革和发展规划纲要(2010—2020年)》提出到2020年基本形成学习型社会、构建体系完备的终身教育的战略目标,[①]以及《中国教育现代化2035》将“更加注重终身学习”作为推进教育现代化的基本理念之一,[②]并提出构建服务全民的终身学习体系目标。[③] 在这样的大背景下,中国利用在线教育高速发展的后发优势,推动终身学习的发展带来了前所未有的机遇,其跨越了时间和空间的限制,改变了知识传播和接收的方式、范围和普及度。开放共享性的在线教育具有社会化的大众优势,有利于终身教育的大众化和社会化发展;交互性互联网的世界就是产生连接的社会,在线教育完全改变了课堂教学的形式和教师与学生的主从关系,实现了以学习者为中心的教育新模式。但是,目前我国在线教育种类多样、质量参差不齐,需要形成体系化的发展形式。因此,本书从宏观、中观、微观三个方面对在线教育体系下各要素之间的关系进行一个模型建构,保障在线教育体系的协调发展。

第二节 全民终身学习视野下我国在线教育体系的内涵解析

在线教育体系的发展离不开科技经济的发展、教育观念以及用户需求的影响。我国在线教育体系在现阶段已经进入了学习领域垂直细分、学习方式丰富多样、资源开放共享、教育内容变现的智能教育时代,全民终身学习理念深入人心。下面解析全民终身学习、国家在线教育以及二者之间的关系。

---

① 周航、李波:《我国终身教育体系构建研究述评与展望》,《中小学信息技术教育》2016年第8期。

② 于蕾:《构建在线教育监管服务体系提升教育治理能力》,《继续教育研究》2019年第5期。

③ 王志君、刘露:《自上而下:“互联网+”时代终身学习的新形态》,《终身教育研究》2020年第1期。

一、全民终身学习的基本理念

有人可能认为终身学习理论是近年才从国外引进并运用,但实际上这一理念在中国自古已有,只是始终没有被清晰地定义为“终身学习”。在中国古代对终身学习思想的大量观点中,孔子和荀子的阐述最为深刻和全面。孔子在《论语·卫灵公》中提出“有教无类”即提倡全员学习,这在一定程度上可以说它含有现代终身学习主体全员性的思想萌芽。《论语·述而》中的“发愤忘食,乐以忘忧,不知老之将至”不仅反映了孔子对学与教的不倦态度,更反映了他对纵向贯穿个人一生学习的提倡。荀子对终身学习理论的理解也有一套完整的体系:一是“学,不可以已”,即学习是不能停止的。二是强调“君子博学而日参省乎己,则知明而行无过矣”和“不登高山,不知天之高也;不临深溪,不知地之厚也;不闻先王之遗言,不知学问之大也”,即强调学习范围的广泛和在实践中学习。三是“……故不积跬步,无以至千里;不积小流,无以成江海……锲而不舍,金石可镂”,说明只有坚持学习才能达到自我提升、自我完善的最终目的。[①] 现代意义的终身教育概念源于第二次世界大战以后知识社会的形成、经济发展对教育的依赖以及公民学习权保障的需要。法国成人教育专家保罗·朗格朗(Paul Lengrand,1965)在联合国教科文组织召开的国际会议上第一次提出了“终身教育”的理念。[②] 1972 年联合国教科文组织的《富尔报告》提出了“学习型社会”和“终身教育”两个相互关联的概念。[③] 同年,埃德加·富尔(Edgar Faure,1965)在终身学习概念制度化的报告《学习的目的》中指出,“每一个人必须自我定位,在其一生中坚持不懈地学习”。《德洛尔报告》(Delors Report,1996)提出了“终身学习”以及终身学习的四大支

① 段静琰、陆丹:《中国终身学习发展刍议》,《教育教学论坛》2017 年第 17 期。

② 吴遵民:《中国终身教育体系为何难以构建》,《现代远程教育》2014 年第 3 期。

③ 联合国教科文组织国际教育发展委员会:《学会生存:教育世界的今天和明天》,华东师范大学比较教育研究所译,教育科学出版社 1996 年版,第 179 页。

柱——学会求知、学会做事、学会共处和学会做人。① 终身学习可以追溯到古代的孔子、荀子等思想家的教育和哲学思想，直到朗格朗提出的终身教育论。本章的终身学习是秉持朴素的人格形成论的意蕴，适应社会发展和实现个体发展的需要，人人学习的持续的过程。当今社会在不断发展，人们生活的方式也在不断地变化，这就更加需要我们将终身学习作为自己的生存方式，使自己成为有思考、有创新、有勇敢品格的现代人。终身学习理念为现代社会人才培养与发展提供了更广阔的思路，是促进社会发展的更强动力机制。

二、我国在线教育体系的主要特征

第一，在线性。近年来，我国政府逐步将“教育信息化建设”摆在越来越重要的战略位置上，并给予在线教育以相关政策支持。《国家中长期教育改革和发展规划纲要(2010—2020年)》指出，教育信息化建设研究的主要内容包括“教育信息化建设与应用研究现状分析，教育信息化建设可持续发展策略，2012年和2020年教育信息化建设战略方针、指导建设等”②。教育部出台的《关于加强高校网络教育学院管理提高教学质量的若干意见》(以下简称《意见》)中规定：“高校在线教育学院要以在职人员的继续教育为主，减少并停止招收全日制高中起点普通本专科在线教育学生。”③为全面了解和掌握在线教育的发展状况和教育质量，教育部建立了高校在线教育学院年报和年检制度，以促进在线教育健康发展。

第二，开放性。在线教育是以网络为媒介，使教师的教学更加自由，同时为学生提供更多的学习资料，并能够有效地提高教学效果。现阶段，在线教育

① 联合国教科文组织总部：《教育：财富蕴藏其中》，联合国教科文组织总部中文科，教育科学出版社1996年版，第35页。

② 于蕾：《我国终身教育体系构建研究述评与展望》，《继续教育研究》2016年第5期。

③ 中国教育报：《教育部：加强高校在线开放课程建设应用与管理》，《中国高等教育评估》2015年第2期。

的平台有很多种,主要有:新华网校、智慧树、优学院等。在线教育是基于网络基础之上的教育模式,可以有效地激发学生学习的兴趣,同时实现个性化教育,促进学生的全面发展。在线教育并不是简单的一种网络技术,而是一种通过学习所产生的教育形式的改变,可以突破时空的限制,满足移动互联网时代学习者的碎片化学习的需求,具有“人人皆学、时时能学、处处可学”的基本特征。①

第三,实践性。在线教育的教学资源是丰富的,可以链接全球优质的师资,弥补传统教育存在的资源不均衡等问题,利用互联网技术实现教育资源共享的特点。在线教育可以满足个性化的教学,人工智能和大数据的应用能够精准掌握学生的学习情况,为学习者提供相匹配的教学资源。

三、全民终身学习与我国在线教育体系的相关性分析

2020年年初,一场突如其来的新冠肺炎疫情开始在全球肆虐,受感染人数不断攀升,这次全球重大的公共卫生危机使人们居家不出门,与此同时,在线教育在此疫情的背景下得以蓬勃发展。当然,在线教育受到很多方面的制约,但终身学习理念和内涵使在线教育得以运行。第一,在线教育作为终身教育理念下的一种新型的学习方式,具有传统教育所不具有的特点,如资源丰富性、个别化学习、多样化的渠道、不受时空限制的学习机会,使终身学习的理念得以落实和发展,基于教育部出台《关于加强高等学校在线开放课程建设应用与管理的意见》着眼于遵循教育教学规律,推动信息技术与教育教学深度融合,主动适应学习者个性化发展和多样化终身学习需求,围绕立足自主建设、注重应用共享和加强规范管理三条主线指导大规模开放课程建设。该意见为在线教育服务终身学习提供了质量保障,使在线教育体系得以良性运转。第二,终身学习作为全球认同的教育发展理念,逐渐成为在线教育的重要支持

① 杨晨、李娟、顾凤佳:《我国“学习社会”研究述评(2008—2011年)》,《教育发展研究》2011年第23期。

和推进要素，终身学习为在线教育目标的实现提出了解决方案、政策参考和实现路径。基于《国家中长期教育改革和发展规划纲要（2010—2020年）》把终身教育体系建设作为2020年的教育战略目标之一，构建终身教育体系，建设学习型社会成为新时代我国教育综合改革的战略目标和方向。基于终身学习视野，在线教育助力实现个人的学习，继而促进社会、经济、环境和文化的可持续发展。

第三节　全民终身学习视野下我国在线教育体系的元素分析

从在线教育的相关元素来分析，我国在线教育体系可以由在线教育政策制定、平台建设、在线教育师资配备、在线教育资源开发和在线教育质量保证等构成。接下来分析全民终身学习视野下我国在线教育体系建构中的相关元素。

一、全民终身学习视野下我国在线教育的宏观元素分析

为了使在线教育在全民终身学习的背景下得到更好的发展，在建构国家在线教育体系的时候，必须以正确的价值取向为指导，遵循积极的前进方向是国家在线教育体系建构的前提，可以先从宏观层面中的理论方面进行把控，主要是以方针政策、理论基础、价值导向为主导。

第一，以方针政策为导向。2015年11月10日，习近平总书记在中央财经领导小组第十一次会议上首次提出了供给侧结构性改革，自此掀起了供给侧改革热潮。党的十九大报告中同样提到推动互联网、大数据、人工智能和实体经济的深度融合，进一步深化供给侧结构性改革。教育作为当今社会重要的发展动力，对于供给侧结构性改革发挥着不可忽视的作用。在线教育作为现代教育发展的趋势，是实现全民学习、终身学习的重要途径。经济学家吴敬

琏提出,我国的供给侧结构性改革的主要任务是“三去一降一补”,即去产能、去库存、去杠杆、降成本,补短板。目前,在供给侧结构性改革的背景下,补短板是在线教育改革的首要任务,具有很强的现实意义。补短板是优化供给结构和扩大有效需求的结合点,是发展在线教育和推动终身学习的关键之处①,并提出了以协同创新为核心、以在线教育战略升级为支柱、以智能个性化学习服务体系建设为支撑、以创建质量保障体系为关键的在线教育供给新模式。

第二,以理论基础为导向。根据马斯洛需求层次理论,21世纪人们的衣食住行都已经得到了保障,那么接下来我们要开始往更高层次去发展——自我实现,即从获取知识开始。在这个不断变化的社会里,每天都有无数的知识在更迭,那么当我们想获取自己想要的知识的时候,在线教育的发展无疑为我们提供了获取知识的渠道,也为不同年龄层次的人提供了不一样的学习方式。同时,沈光辉(2009)在分析在线教育独特优势的基础上,提出其将成为终身教育的有效载体、全民学习的服务平台、学习型社会的重要支撑;②高勇(2012)认为,在线教育在终身教育体系构建中,主要通过学习资源的开放共享和学习方式的交互自主中体现;③在营造终身学习氛围、促进教育公平、提供学习支持服务体系等方面发挥作用;徐魁鸿(2014)指出,慕课以其开放的教育理念、大规模的教育受众等特征,将成为推动终身教育发展,进而形成学习型社会的重要手段;④林世员(2018)同样也认为,慕课的创新直观体现在教学模式的创新,而其本质创新在于教育组织模式和服务模式的创新,这对破解终身教育体系建设中的体制机制难题有深刻的借鉴意义。⑤

---

① 李倩舒:《供给侧改革视角下在线教育供给新模式探析》,《山东广播电视大学学报》2019年第3期。

② 沈光辉:《远程教育在终身教育体系中所扮演的角色》,《成人教育报》2009年第3期。

③ 高勇:《远程教育在终身教育体系构建中的时代使命》,《河北学刊》2012年第1期。

④ 徐魁鸿:《MOOC内涵、特征及其对我国终生教育的启示》,《职业技术教育》2014年第35期。

⑤ 林世员:《从教学创新到组织模式、服务模式创新——论两类MOOCs创新及其对终生教育体系建设的意义》,《开放学习研究》2018年第23期。

第三,以价值取向为导向。任何一类事物产生的原因总归是有现实的需求,学习活动得到重视和发展的原因之一在于其能实现教育目标,并能凸显在线教育的价值。从宏观层面来看,在线教育的教育价值引导了国家方针政策的出台等。从微观层面来看,它推动了教师在线教育培训以及教师专业的发展。对于在线教育发展而言,外显的是微观目标,而内隐的则正是宏观目标,在线教育系统中的诸要素将形成合力,助力两方面价值的实现。

进入移动互联网时代,手机或平板电脑即构成了个人学习的所有硬件条件,而便捷快速的在线教育将传统课堂上晦涩难懂的知识,轻松形象地传授给学习者,克服了时间和场地的限制。作为个人,可以随时随地地选择所需的信息知识,体现了资源共享的价值。技术的发展降低了终身学习的门槛和成本,并且具有更高的灵活性和针对性,契合了学习者时间碎片化的趋势,有效缓解了学习时间少和学习需求大的矛盾。终身教育是与知识经济社会相对应的教育体系。终身教育思想的意义在于教育过程是连续不断的,其本质是学习型社会和教育社会化。现代远程教育为中国终身教育发展提供了机遇。构建终身教育体系,建设学习型社会离不开远程教育的支撑。① 在线教育顺应经济社会发展的内在要求,是在线教育发展的根本所在,主动为经济社会发展提供支持服务是在线教育发展的价值所在。

二、全民终身学习视野下我国在线教育的中观元素分析

第一,资源开发。随着教育的不断改革,在线教育作为一种新型的教育模式,越来越受到人们的青睐。利用在线教育的自身灵活性、互动性进行学习,已成为终身学习改革的发展方向之一。

第二,平台运行。科技发展推动行业发展,在线教育突破时空限制,得以让平台信息资源共享来增强终身化自主学习思维。在线教育信息服务平台的

---

① 高勇:《远程教育在终身教育体系构建中的时代使命》,《河北学刊》2012 年第 1 期。

构建与发展,核心是全面发掘服务平台的资源共享程度,突出在线教育信息服务平台交流与推广的作用。同时能够整合及优化在线教育信息资源,突破时间和空间限制,提升学习效率,为构建在线教育自主化学习氛围提供良好的条件。在线教育信息资源服务平台的构建,跨越因地域等方面造成的教育资源分配不平等,使教育资源共享化,降低了学习的门槛,可以很好地与线下教育相结合,形成在线教育共同体,进而充分体现信息资源的流通性,并促进在线教育引导作用效果。

第三,师资培训。随着国家对疫情下相关教学工作的安排,在线教育越来越受到重视,在线教育机构中的教师培训因此受到前所未有的关注。

首先,在线教育的培训内容要有针对性和实效性,紧密结合教育教学一线实际,以“学科专业知识”“课堂教学技能知识”为中心,以案例为载体,以提升信息技术能力、教科研能力为关键点,重点解决教师在教育教学中遇到的热点问题和难点问题,切实提升教师的教学水平。其次,在线教育培训的方式上,可以充分利用大数据、虚拟现实、人工智能等新技术,推进在线教育信息化教学服务平台建设和应用。此外,还可以通过推动信息技术与教师培训的有机融合,实行线上线下相结合的混合式研修模式。最后,在线教育可以对不同类型的教师进行分类培训,对新入职的在线教师的培训,建议推行集中培训和脱产实践相结合。可以采取“专题讲授+实践教学+返岗教研”相结合的混合型培训方式,让新入职教师具备在线教育所需的素质能力。在今后的培训工作中,注重遴选一线优秀教师作为兼职培训者,可将其承担培训任务计入教学工作量,并建立工作绩效考核机制,努力建立一支专兼职结合的优秀培训者队伍,统筹建设培训专家库,并实行动态调整。

在线教育尽管具有很强的“互联网产业”属性,但本质仍是“教育”。因此,在线教育也必须遵循教育规律,遵守教育法规,承担教育义务,履行教育责任。和任何一种互联网产物一样,对于在线教育不能一味“扼杀”,而是需要规范。借鉴相关治理实施行动中的一些经验,要健全制度机制,创新监管方式,实现长效监管,“以技术管技术,以服务促发展”,构建在线教育监管服务体系,更好地为全民终身学习服务。

三、全民终身学习视野下我国在线教育的微观元素分析

第一,用户群体。在线教育的用户群体覆盖范围是广泛的。首先,对于更好地教育孩子的角度来讲,学前儿童应该是从玩耍、与人、事、物的直接沟通中获得成长。所以通过在线教育学习对学前儿童来说可能是一个小范围的补充。其次,中小学生应该是在线教育的次要用户群。其学习内容相对统一,用户规模庞大,可以使用在线教育一对多用户、一对大量用户的模式。再次,大学生是在线教育的主要用户群。一方面,大学生对新生事物的接受度快,愿意尝试在线教育的模式。另一方面,大学生在线学习的方向相对明确。同时具有较强的学习意愿,愿意进行付费学习。此外,大学生有较多的课余时间,有时间进行额外的学习。又次,在职人员也是在线教育的主要用户群。和大学生相类似,在职人员的学习方向也是职业方向和兴趣方向。所不同的是,在职人员在职业方向上的学习更具有针对性,其职业学习目标更加明确。同时,在职人员的学习意识也更强,消费意愿或消费能力也会比大学生更强一些。最后,老年人也是在线教育的用户群,由于生理机能的下滑他们需要反复多次地去学习知识,这时网上学习无疑给他们提供了很大的便利,可以很大程度上提升自己的理论知识和实践能力。

第二,平台企业。随着互联网的普及与发展,在线教育已成为教育和互联网领域的热门产业。中国在线教育市场规模逐年上升,2019 年中国在线教育市场规模已突破 4000 亿元,预计 2020 年达到 4538 亿元。2020 年新冠肺炎疫情暴发,随着新冠肺炎疫情的进一步影响,全国各地各类学校纷纷开展“停课不停学”活动,目前,教育部已组织 22 个在线课程平台免费开放在线课程 2. 4 万余门。截至 2020 年 3 月,我国在线教育用户规模达 4. 23 亿人,较 2018 年年底增长 2. 22 亿人;手机在线教育用户规模达 4. 20 亿人,较 2018 年年底增

长 2.26 亿人。在疫情的持续影响下,在线教育需求量持续增加,许多线下教育机构也随势迅速转向线上,在线教育市场规模将继续维持快速增长趋势。

基于互联网的在线教育课程资源共享平台采取分类分布的方式,相关机构可以利用互联网进行操作,将自己的资源在网络平台上进行共享和更新。如今市场上各大平台都在发挥自己独特的优势吸引用户。

表 3-1　在线教育的行业分布

<table>
<tr><td rowspan="10">在线教育行业格局</td><td>属性</td><td>在线学科辅导:掌门 1 对 1、101 网校、学而思网校</td></tr>
<tr><td rowspan="2">内容类</td><td>在线英语辅导:VIPKID、DaDa、</td></tr>
<tr><td>在线职业教育:中华会计网校、环球网校、粉笔</td></tr>
<tr><td rowspan="5">工具类</td><td>教育信息化:101 智慧课堂、分豆教育</td></tr>
<tr><td>答疑搜题工具:小猿搜题、作业盒子、作业帮</td></tr>
<tr><td>志愿填报工具:立思辰、百年英才、高招帮</td></tr>
<tr><td>教师辅导工具:一起作业、小猿口算</td></tr>
<tr><td>词典单词工具:百词斩、扇贝、有道</td></tr>
<tr><td rowspan="2">平台类</td><td>综合教育平台:沪江网校、腾讯课堂、网易云课堂、有道精品课</td></tr>
<tr><td>网络公开课:网易公开课、中国大学慕课</td></tr>
</table>

行业资源共分为三大类,分别是内容类、工具类、平台类。内容类下面分为在线学科辅导课,将全球顶尖学校的课程放到互联网上,打破名校围墙,让普通人也能通过作业、讨论和考试等互动方式来触及这些以往无法触及的课程。在线教育多维度的发展,满足了用户对在线教育的不同需求,也为构建终身学习打下了坚实的基础。大数据背景下,O2O 模式是在“互联网+”教育的思维方式中的运用,能实现互联网技术与教育的个性化和多元化的需求,为终身教育理念的推广和学习型社会的建立提供新的发展模式。

第三,师资队伍。技术只是教育的实现手段,在线教育的关键内核是师资和教研,也是在线教育核心。目前为止在线教育对教师岗位一共划分为三类:主讲教师、教学研发和辅导老师。在线教学的核心是主讲教师,主讲教师主要负责按教学计划和要求直播授课;教学研发为教学课程提供支持,主要负责教学内容的收集、整理、解析,教学产品研发;辅导老师参与直播课程,重点跟踪线上的学习效果,并针对学员课后出现的问题给予解答。

第四,政府部门。借鉴相关治理实施行动中的一些经验,要健全制度机制,创新监管方式,实现长效监管,“以技术管技术,以服务促发展”,构建在线教育监管服务体系。以问题为导向,可以从资质备案(审核)、保证办学质量、多部门联合监管、良性贯通四个方面探讨体系建设。

一是资质备案(审核)。在线教育机构行政备案(审核)是关键。按照“线上线下、统一管理”的原则,明确法律性质,对培训机构利用互联网技术在线实施教育、培训活动应当符合国家互联网管理有关法律、行政法规的规定。利用互联网技术在线实施教育活动的民办学校、教育类民办培训机构应当取得相应的办学许可。

二是保证办学质量。在线教育办学质量是监管内容的核心。从教育服务提供者的角度需要建立三方面的制度。首先,教学人员资质,需要遵守《教育法》《教师法》《职业教育法》《民办教育促进法》《关于规范校外培训机构发展的意见》等法律文件,办学人员资质必须公示。其次,教育教学质量保障,需建立课程体系备案和评估制度。课程备案可进行网上办理,评估可引进第三方线上评估。最后,在线教育机构知识产权保护。经修订后的《著作权法》将著作权保护扩展到互联网活动、通过互联网传播的产品及软件产品,该项措施可以仿照专利著作申请流程,用于维护在线培训教育供给侧的市场秩序。

三是多部门联合监管。在线教育的监管是保障。要建立多部门协同联动的监管机制:教育部门负责统筹协调,监督学校落实主体责任;网信、工信部门重点做好教育移动互联网应用程序提供商、APP 商店服务提供商、移动终端制造商的监管工作;人力资源和社会保障部门重点做好职业培训相关线上教育机构的监管工作;新闻出版广电部门重点做好教材、教辅等网络出版物的监管工作;民政部门重点做好线上民办非企教育机构的监管工作;市场监管部门重点做好线上营利性教育机构的监管工作;公安部门重点做好打击整治相关违法犯罪活动。

四是多方面良性贯通。在线教育良性贯通是对教学的促进,这包括三个方面:首先,教育理念与新兴技术的贯通。新兴技术可助推教育发展,可以构建新型教育教学模式,但要找平衡点,勿忘教育本质;其次,教育体系内和体系外的贯通。在线教育促进优质教育资源的均衡化流动,一些体系外的优质在线教育资源要流动拓展到体系内,来增补体系内部分区域短板;最后,线上和线下的贯通。线上教育突破了传统教育模式对时间、地点、空间的限制,但教育的目的不仅要传授知识,还要教学生如何学习,如何面对面沟通。线上教育和线下教育都有其不可替代性,相互贯通结合或许会成为新的教育模式。

第四节　全民终身学习视野下我国在线教育体系的模型建构

从在线教育体系的发展来看,我国在线教育体系的模型构建,可以从宏观、中观、微观三个方面进行分析,由此来构建我国全民终身学习视野下的在线教育体系模型(见图3-1)。

主动适应全民终身学习需求特点,即将在线教育与全民终身学习素质提升、学习需求相协调,将优质课程资源、行业优势资源与全民终身学习深度融合,切实发挥在线教育主体作用,是在线教育平台建设的重要指导思想。在线教育是基于全民终身学习视野下将在线教育从宏观、中观、微观三个层次进行构建,在宏观层面上,以理论方面为主,对理论基础、价值导向、方针政策三个元素进行分析,充分地了解国家层面对在线教育的把控程度,尤其是国家在党的十九大的报告中提到将要充分地推动互联网、大数据、人工智能和实体经济的深度融合,目前全民终身学习要以在线教育为依托。在中观层面,以模式运行为主,课程资源是在线教育中最重要的一环,资源开发会从激发学生的学习

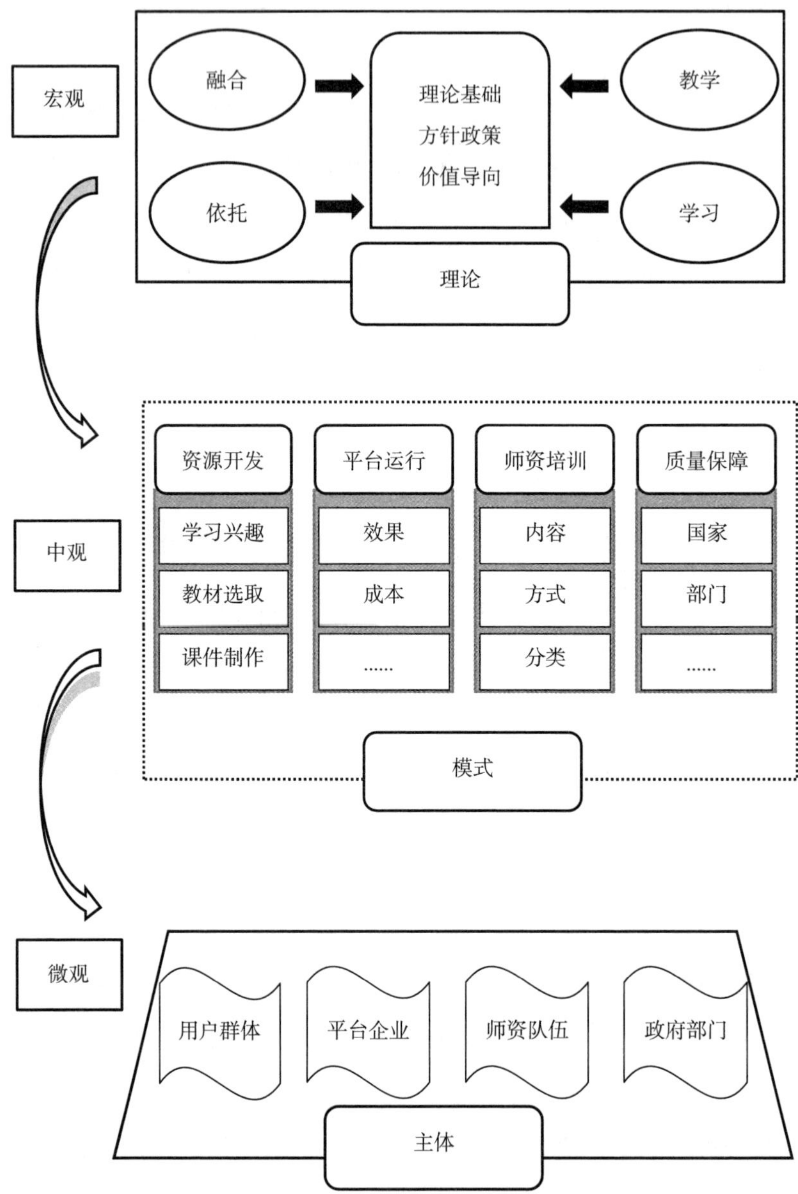

图 3-1　全民终身学习视野下在线教育体系的基本模型

兴趣、教材选取、课件制作等方面去研究；平台运营会从在线教育的效果、成本方面进行分析；师资培训是教师进入在线教育课堂最重要的一环，要对教师进行系统且扎实的培训，主要从培训的内容、培训的方式以及分类培训三方面进行分析；国家对这一连串的流程也要出台相应的政策作为保障，使在线教育可以更好地运行。在微观层面，针对不同的主体，用户群体惠及所有人群，这也是国家现在大力提倡的终身学习，会通过在线教育进行；平台企业作为国家的实体经济也在飞速地发展；将培训过的师资进行队伍整合分配到不同的岗位上；政府部门要把相应的政策贯彻落到实处。因此，在系统的分析中，本书构建了全民终身学习视野下在线教育体系的基本模型，从宏观、中观、微观三个层面进行构建。

第四章　全民终身学习视野下我国在线教育体系的运作机制

作为推动全民终身学习的重要手段，在线教育平台具备一定的运作模式与机制，涉及政府、社会、学校等多方关系，各构成要素、外部要素相互联系、相互协调，共同保障在线教育体系的平稳运行，为全民提供多样的学习途径与完善的学习设施。从宏观角度探索国家在线教育体系运作机制，有利于深刻理解在线教育体系各类相关机构的运行方式、保障在线教育体系平稳运行、打破各种因机构不同、体制不同、利益形态不同的教育组织之间的壁垒，促进运作机制中的各个要素相互作用与协调，推动在线教育体系良性运转，为全民终身学习提供完善的后备支持，促进全民终身学习体系的构建。

第一节　全民终身学习视野下我国在线教育体系的框架结构

机制是指机器的构造和原理，是结构中各要素间以及外部环境间相互联系的活动方式和规则。运作机制是指定机体内各构成要素之间相互联系和作用的关系及其功能。在全民终身学习背景下，在线教育体系的运行机制主要包含三层内涵，包括外部网络学习环境的构建和支撑，涉及政府、市场、社会、学校四大主体以及各个基本要素之间相互联系、相互作用的状态。

一、基本要素

了解某种机制的第一步便是了解其构成因素。在线教育体系的运行机制要构建网络学习环境,需要完善网络、平台、移动终端等软、硬件设施。在线教育体系的运行机制还涉及政府、市场、社会、学校四大主体,其中政府需要确定在线教育发展的战略方针和发展方向、通过立法或发布行政法规的形式加强对在线教育的审批与监管、通过投入大量资金建设平台与其他信息化设施;市场以市场供给和需求关系来配置教育资源;社会通过鼓励企业团体和私人进行投资办学,利用行业协会的评估与评价反馈信息给教育机构行业协会;通过学校努力引导教师、管理人员、技术人员转变教育观念为学生提供丰富的教学资源和支持服务。① 为此,政府通过审批部门、监管部门加强对在线教育市场的调控,通过投资公共服务机构建设平台与其他信息化设备;社会鼓励私有组织投资办学,并利用行业协会协调政府与行业;学校则代指教育机构,包含基础教育、高等教育等各级各类的教育机构;市场中教育资源的配置可通过国家调控、公共服务机构整合协调等解决。所以,最终提炼归纳为:审批部门、监管部门、服务对象、教育机构、电信企业、开发机构、公共服务机构、行业协会和私人组织九大基本要素。

二、主要功能

在线教育体系运作机制中不同的基本要素扮演着不同的角色,各自承担着重要的任务,各司其职、协调配合、相辅相成,最终达到整个在线教育体系平稳、高效、良性的运行,每个基本要素都缺一不可。

审批部门:属于政府部门,包括有行政审批权的其他组织,是建立在线教

① 吴国:《现代远程高等教育运行机制的构建》,《福建教育学院学报》2006 年第 10 期。

育平台需要通过的“第一关”，承担着“审查”的角色，所有需要建立在线教育平台的自然人、法人或者其他组织，都需要审批部门依法进行审查。审批机构需要建立规范标准的准入体系，对于准备开设的在线教育体系教育组织与教育机构，进行多方位审查，严格审查其是否符合准入条件，严格执行资质认证流程。

监管部门：属于政府部门，是保护消费者权益、监督与管理在线教育机构的组织，扮演着“监管”的角色，用来监管在线教育机构的质量，完善教育机构的备案、选用、监督等全周期制度体系，推动在线教育机构按照公开、公平、公正原则，建立质量标准，明确服务规则。监管部门需要畅通在线教育消费投诉渠道，完善投诉响应、纠纷处理和多方调节机制。

开发机构：是提供在线教育技术、开发在线学习平台的主体，扮演着“技术支持”的角色，并负责学习平台的运行维护，提供从平台、软件、硬件及内容服务一体的完整解决方案。有些在线学习平台可能隶属于私人机构，其自身组建团队开发在线学习平台；有些开发机构隶属于互联网巨头，出售自身平台供各类学校加盟，开放教育资源。

电信企业：包括中国电信、移动、联通等提供网络服务的企业，承担着“网络通信服务供给”的角色。能让学习者在足不出户的情况下，在教育平台上学习教育组织提供的教育资源。一方面，电信企业提供了高质量的服务。在线教育必须保证音视频网络的畅通，电信企业需要提高宽带速度。另一方面，电信企业兼顾了农村、欠发达等地区基础服务，构建利用信息化手段扩大优质教育资源覆盖面的有效机制，逐步缩小区域、城乡、校际差距。

教育机构与私人组织：都是开发在线教育资源的主体，扮演着“实施者”的角色，教育机构包含中小学、大学、成人继续教育院校、社区教育等。教育机构提供主讲或辅助教师、开发教育课程、借助教学资源与学生进行互动等。私人组织与教育机构相辅相成，一同构建开发课程，基于市场的需求，私人组织开发的课程种类多，能满足学习者各式各样的学习需求。同时，私人组织开发的课程,提供服务对象个性化、定制化的服务。

公共服务机构:是为公民提供良好服务的组织,承担着“资源协调”的角色,为了满足公民的社会发展活动或者教育需求,国家权力介入或者投入公共资源以提供公民优质的在线学习平台或在线学习资源。公共服务机构的任务是,整合社会上各种学习资源,提供一流的学习支持服务,并采用第三方的服务模式,统一协调和发挥优质资源的共建共享的作用。

行业协会:是行业的组织机构,扮演着“机构桥梁”的作用,需了解行业的需求,其主要功能有:代表职能、沟通职能、协调职能、研究职能,还有狭义的服务职能,包括信息服务、教育与培训服务、组织会议等。不仅能开展在线教育机构服务质量认证和从业人员能力认证,而且能及时地将社会对人才培养的要求、学生学用结合的情况以及其他相关信息反馈给试点高校和教育主管部门。

服务对象:是在线教育体系中的受教育者,扮演着“学习主体”的角色,其他所有的元素均是为服务对象服务的。在全民终身学习体系下,在线教育的服务对象十分广阔,任何想要学习的学习者都是服务对象,从年龄段上包含幼儿到老年人,从职业上包含学生、在职人员与退休人员,从地区上包含城镇、乡村居民。

三、相互关系

通过了解每个基本要素的功能,剖析每个要素之间的关系,最终构建运作机制的流程见图 4-1。审批部门与监管部门对在线教育体系进行宏观调控与管理。开发机构与电信企业提供网络学习环境的支持。教育机构、私人组织、公共服务机构与行业协会是在线教育体系运作机制的中坚力量,直接面向服务对象,为服务对象提供教育资源与服务。教育机构与私人组织也会进行合作,共同开发教育资源,而公共服务机构直接对教育资源进行整合,协调公共资源。行业协会更是协调政府、行业、教育机构与私人组织的重要桥梁,能沟通政府要求与行业情况,了解在线教育资源实际应用情况,并将两者信息共同反馈给教育机构与私人组织。

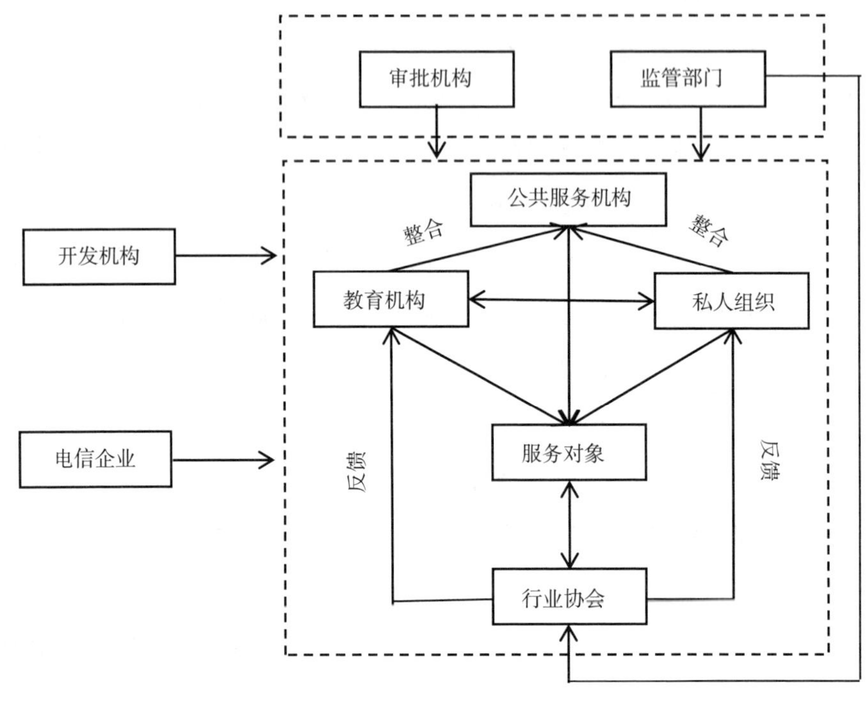

图 4-1　运作机制框架结构

第二节　全民终身学习视野下我国在线教育体系的运作过程

全民终身学习视野下的在线教育体系运作机制包含九大要素，基本运作过程主要为：审批部门负责审批教育机构、私人组织等办学资格是否合格；开发机构、电信企业负责网络、平台等技术支持；教育机构、私人组织与行业协会在审批合格后，开发教育资源并借助开发机构与电信企业的技术支持将资源呈现给服务对象；国家将资格与标准传达给行业协会，行业协会结合行业实际情况来制定标准，并将服务对象反馈的评估提供给教育机构与私人组织；公共服务机构整合教育机构、私人组织的教育资源，甄选合适优质资源提供给服务对象；监管部门负责监管质量问题、消费者权益问题等。最终，使整个国家在线教育体系得以流畅运行。

一、审批办学资格

在线教育体系运行的第一关便是审批教育机构、私人企业是否符合办学资格。在线教育体系在组织结构上具有开放性，教育机构、企业单位都能在全国各地申请办学，审批部门负责审批教育机构、私人组织等办学资格是否合格，这就需要严格的准入制度。只有通过严格的准入机制，才能保证教育机构、私人组织等的合格资质，从而为规范办学提供组织保证。许多在线教育机构的办学门槛低，导致市场混乱。因此，审批部门需要认真做好《市场准入负面清单（2020 年版）》落地实施工作，严格规范审批行为，优化审批流程，提高审批效率，正确高效地履行职责。

目前还未形成清晰统一的在线教育行业准入标准，但是发布了关于在线教育市场准入的法律法规，散落在各类法律、法规之中。教育部发布《关于严禁有害 APP 进入中小学校园的通知》，规定了各地学习类 APP 进入校园的备案审查制度；《教育部等十一部门关于促进在线教育健康发展的指导意见》完善了在线教育的准入制度，明确了准入条件与资质认证流程，建立健全在线教育资源的备案审查制度，切实维护国家安全、社会公共利益和师生个人信息安全。同时还制定在线教育准入负面清单，允许各类主体依法平等进入未纳入负面清单管理的领域，对负面清单适时动态调整。2018 年发布的《中华人民共和国民办教育促进法实施条例》（以下简称《民促法实施条例》）虽然未生效，但是从中可以看出国家对线上教育准入的倾向。随着一系列文件的出台，在线教育市场的准入门槛逐渐清晰。由于在线教育具备“互联网”“教育”的双重特性，因此其准入的条件也包含互联网和教育两大方面。在互联网方面，所有教育 APP 都需要办理中华人民共和国电信与信息服务业务经营（Internet

Content Provider,ICP)许可证或备案、网络安全等级保护定级备案的证明、等级测评报告。在教育方面,《民促法实施条例》第十六条规定,在线提供学历教育的民办学校须获取办学许可;在线提供非学历教育的民办教育培训机构并不强制要求办理办学许可,但需要去教育行政部门、人力资源和社会保障部门进行备案。

二、提供技术支持

在线教育体系运行的必要条件是电信企业与开发机构提供网络、平台、信息化设备等网络环境与技术支持。电信企业一方面提供高质量的服务。电信推出一项面向家庭用户的重要服务举措——免费提速到更高值,满足广大群众疫情期间在线教育高速上网需求。电信企业抓住第五代移动通信技术(5G)商用契机,加快推动物联网、云计算、虚拟现实等技术在教育领域的规模化应用,提升教育服务数字化、网络化、智能化水平。另一方面,电信企业兼顾农村、欠发达等地区基础服务。在线教育有一个较大的优势,即跨越时间、空间的距离。为了提高教育信息化水平,国家出台了一系列扶持政策,教育部于2015年提出了"构建利用信息化手段扩大优质教育资源覆盖面的有效机制,逐步缩小区域、城乡、校际差距"的具体要求。各地通信管理局加强组织协调,与当地扶贫办和教育主管部门做好受帮扶对象的数据对接,确保相关帮扶举措精准落实到位,为在家在线学习的学子提供良好的在线教育环境。

开发机构则需要为教育机构开发教育平台、提供技术支持。由于企业自身的限制与发展规划的不同,在线教育提供的服务与产品各不相同。国外开发出许多平台,例如 edX、Future Learm、Udemy、Coursera、Open2Study,具有强大的易用性与实用性;国内腾讯课堂、网易云课堂等在线教育平台逐渐崛起,现存的国内外在线平台的功能泛化,平台模块功能众多。开发机构了解市场、用户的需求后,利用技术搭建框架,划分用户界面、数据等功能应用层面,将平台实现多个功能模块,例如平台门户模块,以及后台的基础信息管理模块、教学管理模块、运营管理模块。开发机构对各个模块进行测试以保证平台能够稳定运行，并在后期进行维护管理，提供良好的平台服务环境。

三、开发教育资源

在线教育体系中直接面向服务对象的便是在线教育资源与在线教育服务，在线教育资源是在线教育的基石，教育机构、私人组织负责开发在线教育资源、提供在线教育服务，有时行业协会也会进行一些在线教育培训。在线教育课程有一定科学规范的开发步骤，教育机构、私人组织等在实行过程中必须注重并且提高在线课程质量和效益，缩短开发周期。一般在线课程开发需要遵循分析、定标、选题、设计、制作、整理、预览/评价、反馈和发布九个步骤。其中分析是分析在线学习者的学习需求，形成需求清单；定标是确定教学目标；选题是选择教学的内容并梳理知识点；设计则是对在线课程的教学策略与教学手段进行设计规划，形成教学策略路线图；制作是根据预设的教学策略安排图片、音频、视频等；整理则需要搜集形成体系化的在线教育课程的资源；预览/评估是指在教学实施前对在线教育课程知识体系及呈现方式的整体效果进行观察、核对与评估；反馈是在根据预览/评估提出意见建议基础上反馈给相关设计者与制作者进行修改，不断优化和完善在线课程；最后进行发布，将在线课程通过网络开放供学习者访问和学习。①

教育机构、私人机构等处于在线教育市场之中，存在合作与竞争的关系，可以是单独提供在线教育资源，也可以教育机构之间、私人组织之间或者教育机构与私人企业之间进行合作，如学校有专业的教师队伍，为企业提供教学设计指导，企业有专门的技术人才，为学校提供技术指导，双方互利互惠，二者形成一种低成本高效率的校企合作在线联合体，实现双赢。② 有合作也有竞争，尤其是现在市场竞争越来越激烈，市场存在就有投机行为，各类违反市场规则

① 鲜思德、吴红朴：《在线课程开发应关注四个基本问题》，《继续教育》2018 年第 10 期。

② 蔡晓霞：《校企在线课程的构建与实施策略研究》，《绍兴文理学院学报》2018 年第 2 期。

的问题层出不穷。政府和教育主管部门仍应继续加大宏观调控力度,进一步规范办学行为,努力营造平等竞争的良好环境;组织内部也要实现系统内资源的优化配置,提升内部的竞争优势和竞争能力,更好地确立竞争地位。因此,教育机构、私人组织在开发在线课程时需要遵循基本的步骤,诚信合作、有效竞争。

四、协调多方联动

在线教育体系涉及多个主体,要想实现其高效运转,沟通协调多个主体必不可少,行业协会就是政府、行业、机构等沟通的桥梁。行业协会是一个介于政府、私人组织、教育机构之间的社会中介组织,是民间的非营利组织,起到服务、咨询、沟通、监督、公正、自律、协调的作用。① 具备协调功能,即制定并执行行规行约和各类标准,协调本行业企业之间的经营行为;监督功能,即对在线教育资源和服务质量、竞争手段、经营作风进行严格监督,维护行业信誉,鼓励公平竞争,打击违法、违规行为;保持公正功能,即受政府委托,进行资格审查、签发证照等;统计功能,即对在线教育行业基本情况进行统计、分析并发布结果;研究功能,即开展对本国行业国内外发展情况的基础调查,研究在线教育面临的问题,提出建议、出版刊物,供企业和政府参考。

当然,最重要的功能是沟通功能。行业协会不属于政府管理机构之内,而是政府、企业沟通的桥梁与纽带,两者以“共同的目标”而不是“天然的垄断”为合作基础,共同分享社会空间的公共服务,承担公共事务的治理责任。② 在社会主义市场经济下,多元利益的冲突与整合是市场经济的一个重要特征,必须通过一些组织与方法减少利益摩擦、维护社会稳定,行业协会作为整个行业

---

① 韩国明、程贵妞:《行业协会参与下的职业教育运行机制分析》,《教育科学》2007 年第 6 期。

② 建设部人事教育司、上海市建设和管理委员会、上海市教科院职成教育研究所:《建设新职教——来自行业的研究报告》,《职业技术教育》2004 年第 33 期。

的代表能够促进政府与企业，以及企业内部之间的协调。行业协会是在线教育体系最重要的枢纽，不但实现了在线教育行业内部利益的自我平衡，而且达成了政府、教育机构、私人组织、服务对象等之间的自我协调。

五、整合社会资源

阻碍在线教育体系有效运行的一个难题便是资源的浪费、重复与孤立，公共服务机构能够甄选教育机构等各组织优质的资源整合到平台上，合理利用现有的资源，实现教育资源的共享。《教育信息化十年发展规划(2011—2020年)》明确指出当前我国“数字教育资源共建共享的有效机制尚未形成，优质教育资源尤其匮乏”的问题①，“鼓励企业和其他社会力量开发数字教育资源、提供资源服务，建立起政府引导、多方参与的资源共建共享机制”。目前大多数教育资源共享面很窄、重复率高、大量资源浪费，质量也参差不齐，很容易造成资源的不均或者是重复。公共服务平台征集并遴选社会上的优质资源，遵从教育服务的市场属性，整合各类优质学习资源，并根据学习内容和学习对象的不同进行资源分类，方便学习者在线搜索、系统学习，实现建设“学习型城市”的目标。

在整合的过程中，必须注意在线教育资源的版权问题。随着内容资源成为各大平台的核心竞争点，版权保护越发受到关注。《中华人民共和国著作权法实施条例》规定，“著作权法所称作品，是指文学、艺术和科学领域内具有独创性并能够以某种有形形式复制的智力成果”。在线教育资源均具备独创性与可复制性两大条件。在线教育资源体现了独创性，例如，教师对知识点的独到见解、新颖的教学手段、创新的呈现方式等；同时，在线教育资源能够被复制，具有可复制性。因此，在整合在线教育资源时需要增加版权意识。优质开放的学习资源虽然对社会公众是公开免费的，但在传播使用过程中仍要遵守

① 王晓晨、陈曦、卢婷婷、王梦舒：《数字教育资源共创共享建设模式研究》，《中国电化教育》2016 年第 4 期。

相关版权协议和法规。然而,目前许多平台在整合在线教育资源时没有遵守相关的版权协议,存在不标明出处、随意修改资源等侵权现象,使用在线教育资源首先就必须尊重著作权中的“合理使用”规则,如果在整合过程中有关于资源版权的任何疑问,应认真阅读并遵循资源来源网站关于资源版权的声明,或者向有关机构咨询。目前国外在线教育资源网站一般使用知识共享协议(Creative Commons,CC),国内大多数也采用知识共享协议,切不可随意侵权,长此以往对资源的开放与共享产生不良的影响。①

六、监管办学问题

在线教育体系想要实现长久持续的发展,国家必须加强管理。除了审批部门严把“入关口”,在政府层面建立“准入”制度实施优胜劣汰,促进良性发展外,还必须保证教育质量监督并解决体系中存在的问题,监管部门就是负责监管各类机构、保障教育质量的组织。在线教育行业大部分都是社会资本投入,又与传统校外教育结合。传统校外教育本身就存在监管制度不够完善、虚假广告等问题,在线教育在此基础上融合人工智能、虚拟现实等技术,面临更多亟待解决的问题。首先,就是教育机构或私人组织违反市场秩序的问题。例如,虚假宣传,宣传的教育服务信息含有夸大事实、虚假承诺的成分,与事实明显不符或者不够全面;收费、退费等相关问题,收费较高而退费又较困难;霸王条款,在签订的条款中免除平台自己的责任却加重被教育者责任。其次,是在线教育资格许可问题,包括教师与机构的资质问题。很多专业教师没有教师资格证,而是在线大学生兼职讲授课程以降低运营成本;很多在线教育机构并不持有互联网经营许可证,对在线教育平台的建设主体是否需要办学许可的问题,也没有明确规定。最后,是教育内容缺少规范问题。内容不符合我国主流意识形态和社会公序良俗的问题,这在外国教育资源的引进方面尤其突

---

① 李娟:《我国高校整合优质开放学习资源的问题与对策》,《信阳师范学院学报(哲学社会科学版)》2016 年第 4 期。

出，对低俗、暴力、色情、恐怖等青少年有害信息缺乏必要的过滤，存在与学习无关的网络游戏等内容，影响青少年学生成长。①

这些问题都在法律与文件中进行详细的规定。《合同法》第四十条明确规定，合同中格式条款的霸王条款是无效的，需要监管部门在日常监督中一一排查，当然也有一些问题没有进行明确规定，需要从法律法规层面进一步加强监督。为加强监督，目前国内发布了首份在线教育领域的全国性监管文件——教育部等六部门推出的《关于规范校外线上培训的实施意见》以规范教育平台的发展。在线教育是新兴的行业，发展势头足，符合我国近年来不断涌现的新业态、新技术、新模式的监管特点，应当按照对新业态包容审慎的原则对在线教育进行监管。监管部门需要秉持包容审慎的态度，对教育机构、私人组织等严加检查，尤其是要对上述普遍存在的问题进行排查。

第三节　全民终身学习视野下我国在线教育体系的运作案例

具体的运作案例会涉及以上的基本要素，遵循运作流程，本书选取几个典型案例，从更多不同组成元素入手，了解其在整个运作机制中发挥的作用，从而详细体会全民终身学习视野下国家在线教育体系运作机制的全貌。

一、广西壮族自治区在线教育体系运作过程

运作机制的流畅运行离不开政府、学校、社会等多方的支持，广西壮族自治区在线教育建立“政府主导、企业参与、社会帮扶”三方协同的供给模式，发展迅速。

---

① 张挺：《包容审慎视角下校外在线教育平台的法律监管》，《中国电化教育》2020年第2期。

（一）严控准入条件

广西壮族自治区审批机构严格控制准入标准，制定准入制度，所有在线教育机构都需营业执照、备案等。2020年，为响应国家对校外线上培训的规范，广西壮族自治区、宁夏回族自治区对其范围内的在线教育机构提出要求，机构需要向自治区教育厅提供相关备案等，建立信息保护制度、网络安全管理制度和安全保护技术措施等。严格的准入条件使广西壮族自治区在线教育市场健康有序发展。

（二）提供网络学习环境的支持

良好的网络、便宜的设备与完善的设施是在线教育发展的物理支撑。为加速广西壮族自治区教育信息化，广西壮族自治区教育厅与中国电信广西公司达成“十三五”教育信息化战略合作，根据中央“以教育信息化带动教育现代化、加快从教育大国向教育强国迈进”的战略部署，在“十三五”期间重点建设七个领域，携手推进广西壮族自治区教育信息化。

除此之外，出台专门的扶贫资费套餐，让困难群众用得上、用得好、用得起，给全民提供一个良好的网络学习环境。

（三）引进与自建教育资源

广西壮族自治区在线教育依托全国“三通两平台”工程、“数字教育资源教学点全覆盖”项目、“一师一优课、一课一名师”活动，引进数字教育资源库或者自建在线教育资源，与发达地区义务教育资源对口支援或是自建校本在线资源以推动广西壮族自治区在线教育资源的建设与应用、共享与共建，扩大优质在线教育资源覆盖面。基于广西壮族自治区教育资源缺乏地区学生分散的特点，在线教育利用教育信息化手段，通过同步课堂的方式将优质的课堂与优秀的教师呈现给广西壮族自治区这些地区的学生以弥补学生不能集中到县城学习的缺憾、解决广西壮族自治区在国家指定课程中开不齐课、开不好课等教育困境、满足适龄人口接受适合教育的基本诉求、改善偏远地区的教育水平。通过线上、线下相结合的模式定向帮扶薄弱地区开展教师专业技能提升培训。目前,教育联盟和结对子的教学团队,角色分担,对边远地区和联盟学校将会有很大的帮助。

(四)提供社区教育资源

广西壮族自治区公共服务机构开展社区教育,提供在线教育资源供居民学习,而且广西壮族自治区是民族区域自治的升级行政区域,以壮族为主,兼容汉族、苗族、瑶族等多个民族,提供丰富且有特色的社区教育资源。

为培养居民养成终身学习的习惯,广西壮族自治区公共服务机构推出终身学习平台供居民学习在线教育资源,以云计算技术为支撑,将优质的教育资源推送到每一个角落。其中,较为著名的就是南宁终身学习公共服务平台,南宁终身学习公共服务平台是广西壮族自治区首个市级社区教育服务平台使用一体设计、分层管理的设计理念,实现资源的共享。平台首页可以让所有居民看到本社区或院校的课程与信息。此外,平台采用多端口多管理员模式,以适应社区教育覆盖面广、分布零散、资料收集和管理难度较大的特点。该平台的在线课堂微课目前分为学习辅导、职业培训、生活知识、人文知识、科技知识五大类,共有 500 多节课程供市民通过电脑或者手机在线收看,并计划每年引进新的微课。南宁终身学习公共服务平台按照居民的需求定制课程,打造地方特色的终身学习平台。

(五)协调政府企业

广西壮族自治区在线教育行业也具备行业协会以协调政府与企业,但不是专门的在线教育行业协会。在线教育具备“在线”与“教育”双重身份,与多个行业协会息息相关。广西建设教育协会经自治区民政厅批准在 2000 年成立并登记,是非营利性、行业性的社会团体。其宗旨是遵守党和国家的教育方针、政策,遵守社会道德风尚,充分利用现代科技手段,团结组织全区建设教育工作者开展学术研究、协作交流、工作咨询和社会服务,积极推动教育改革,为培养高质量的建设人才,发展社会主义建设教育事业服务。同样,在线教育涉及广西网络文化协会,广西网络文化协会由广西壮族自治区互联网信息办公室发起,致力于促进广西壮族自治区网络文化健康发展,打造区内互联网从业人员的网上家园。整个在线教育体系设计多个行业协会,协调企业与政府之间的工作,具备经济与法治双重价值。

(六)健全监管机制

广西壮族自治区的监管部门时刻关注国家动态,响应国家对校外线上培训的治理工作。近期广西壮族自治区教育厅等六部门印发“校外线上培训治理工作方案”,对全区范围内面向中小学生开展的学科类校外线上培训进行备案排查。广西壮族自治区监管部门致力于健全监管机制,基本形成政府科学监管、培训有序开展、学生自主选择的格局。监管部门强化综合治理,教育行政部门牵头,网信办、通信管理、公安、广电、“打黄扫非”等部门协同摸底排查、备案审查工作,广西壮族自治区教育厅负责牵头综合治理,协调其他部门依法规范线上教育行为;自治区网信办、公安厅、通信管理局需要按职责做好违规培训网络平台与应用的关停、下架问题;广西壮族自治区公安厅审查网络安全等级保护材料,依法打击利用在线教育传播淫秽色情、网络赌博等违法行为,打击窃取公民个人信息、诈骗等违法犯罪活动;广西壮族自治区通信管理局审查在线教育的互联网信息服务备案和电信业务经营许可的真实性与有效性;广西壮族自治区广电总局配合做好交互式网络电视(Internet Protocol Television,IPTV)、互联网电视等电视端违规应用的处置工作;广西壮族自治区“扫黄打非”办协助查处含淫秽色情和低俗等不良信息在线教育活动及侵权盗版、非法出版行为。最终,构建部门协同、职责明确的监管体系。各级政府教育督导室加强规范校外线上培训发展工作进行督导评估。建立问责机制，对责任不落实、措施不到位的相关单位和责任人进行严肃问责。

二、甘肃省在线教育体系运作过程

甘肃省重视终身学习型城市的构建，不断完善终身教育工作机制，加快构建服务全民的终身学习体系，全面落实教育扶贫各项工作，利用在线教育便捷、跨时空等优势实现全民终身学习的目标，促进教育公平，缩小数字鸿沟。以甘肃省引导广大农民利用在线培训学习春耕实用技术为例介绍在线教育体系的运行。

（一）组织与宣传在线教育

为深入贯彻党中央、国务院及甘肃省委、省政府关于做好新冠肺炎疫情联防联控工作的要求，充分发挥信息化手段开展农民培训学习，提高农民自主获取知识，自愿提升自我的能力和水平，确保春季农业生产正常顺利进行。2020年2月10日，甘肃省农业农村厅下发《全省应对新冠肺炎疫情期间开展农民在线培训学习工作方案》。

甘肃省各政府人员对此次活动进行组织与宣传。各有关单位进行具体部署，确保农民在线学习时间落实、内容落实。各级农业农村主管部门以及所属农民培训等相关单位充分利用多种渠道和方式，不断加大农民利用信息化手段开展在线学习的宣传力度，不断扩大农民的知晓度，增强农民自主学习的积极性和主动性。

（二）推动城乡“同网同速”

为提高网络覆盖率、完善在线教育的网络设施，中国电信采用“中央资金引导、地方协调支持、企业为主推进”的主体思路，形成中央、地方、企业三方协同支持农村宽带建设发展的格局。甘肃省自电信普遍服务试点以来，累计争取到中央补助资金19.19亿元人民币,全省行政村通宽带2018年年底也从51.2%上升到99%以上,带动贫困地区通信技术设施大幅度改善。2016年以来,甘肃省的三区三州深度贫困区域行政村4G覆盖率达到96%以上,光宽覆盖率达到99%以上。中国的电信普遍服务在网速方面基本实现农村城市"同网同速",有效地促进了中国远程教育、远程医疗、农村电商等互联网应用的发展,让更多偏远地区民众享受到了城乡均等的基本公共服务。

除此之外,甘肃省还扩大电信普遍服务支持范围,联合有关部门全面改善农村及偏远地区学校网络接入条件。甘肃省联通与甘肃省教育厅成功签订全面合作协议,双方紧密贴合国家"三通两平台"项目建设规划、全方位合作加快实现甘肃省教育信息化,标志着甘肃省联通助力甘肃省教育信息化工作进入新阶段。根据协议,双方将围绕《教育信息化十年发展规划(2011—2020年)》和《甘肃省基础教育信息化"十二五"发展规划》的教育信息化建设目标,以"班班通"项目为核心,依托云服务平台,为教学课堂注入丰富优质的教学资源和多样的教学应用,加快实现甘肃省教育信息化的全方位合作。合作过程中,甘肃省联通将充分利用自身网络建设的优质能力,充分满足多种学习者在基础教育资源各方面的需求,实现城乡教育资源均衡共享。

(三)服务广大农民

此次在线培训的对象是广大的农民。以平凉市泾川县为例,此次运用"中国农村远程教育网"、甘肃省农业信息网《实用技术》专栏、"云上智农"APP等平台进行网上在线学习,借助互联网平台给全县215个村以及2019年的540名培训学员发送了相关在线学习指南和有关农业技术信息,帮助农民在疫情期间做好春耕备耕,不误农时。

(四)运用多样的在线学习渠道

为方便广大农民学习,此次在线培训提供多种便携的工具。学习者通过百度下载注册或者搜索登录“云上智农”手机APP、中国农村运程教育网《农科讲堂》，甘肃省农业信息网“实用技术”专栏、农广之声和12316“三农”服务热线等信息化网络工具，开展在线学习、广播试听和电话咨询，不断提升农民利用信息化手段获取知识、提升自我的能力和水平。甘肃省各市、县区也可利用当地电视及信息化网络等资源，不断拓宽农民自主学习渠道。“云上智农”是主要由中央农业广播电视学校总体设计开发、农业农村部科技教育司指导的农业教育综合服务平台，属于全国农业科教云平台的一部分，有“三农”咨询、在线学习、直播讲堂、社区等功能，不仅为广大农民提供线上教育、专家问答、行业资讯等，还能为农民教育培训全程提供在线管理考核服务；农科讲堂是由农业农村部农业科技人员组织培训，以专家讲座与访谈为主，宣讲一些政策法规或科学技能，让广大农业科技人员和农业系统干部了解一些强农惠农富农政策，学习现代农业科技新知识新方法；甘肃农业信息网是宣传甘肃省农业、服务“三农”领域、展现农业风采的网站。

（五）整合与建设多种资源

此次活动，甘肃省整合了多种在线教育资源，为服务对象提供各种有关农业的在线课程。教育专项部门及时向“云上智农”和甘肃农业信息网“实用技术”专栏上传并推送《新型冠状病毒防控知识问答》、《农民工权益维护知识问答》以及《粮食作物、经济作物、畜牧兽医、农机能源四大门类的农业科技明白纸》等相关科普知识和关键生产技术，以满足农民对“牛羊菜果薯药”等扶贫产业发展的知识和技术的需求，本着精准原则，精挑学习媒介，精选学习内容。重点进行新型冠状病毒防控科普知识、春耕备耕生产技术、禁毒知识、农民工权益维护常识及务工市场信息以及扶贫产业增产技术5个方面内容的学习。

第四节　全民终身学习视野下我国在线教育体系运作机制的案例分析

为更好地建设并完善全民终身学习视野下我国在线教育体系的运作机制，我们有必要对上述的广西壮族自治区与甘肃省的两个案例进行分析，并对运作机制中资源、政策、经费、服务与监管五个方面提出要求，以促进运作机制的良性发展。

一、满足资源需求

全民终身学习视野下，在线学习的服务对象是一个复杂多样的群体。因此，政府需要在在线教育的学习资源这一块下足功夫，培育优质的在线教育资源，力争满足不同群体的教育需求。比如，与青年学生和成人学习者不同，老年人这一特殊群体大多退休在家，在线教育的资源类型也是以文学品鉴类、养生保健类学习为主。与过去生存意义上的养老相比，更多的老年人渴望老有所学、老有所为，更加注重精神需求的满足。①

首先，满足多样化的教育需求。针对退役军人、新型职业农民、农民工等不同群体的教育需求，研发课程包、课件包和资源包，建设一批通识课程、五分钟课程、全媒体数字教材课程、"三农"特色课程等专项共建共享课程，提高教育供给精准度。根据教育对象的需求，可以将在线学习资源分为多个系列和多个栏目。如文化与素养系列包含道德修养、科学素养、文化涵养、公民意识等栏目；职业与技能系列包含语言文字、信息技术、就业指导、职业发展等栏目；生活与休闲系列包含生活保健、家庭安全、家庭教育、休闲技艺、家庭理财、法律维权、生活环境等栏目。②

---

① 刘路星、白媛媛：《基于在线教育的我国老年教育发展探索》，《江西广播电视大学学报》2019 年第 4 期。

② 胡晶、胡林：《社区教育在线学习资源建设的有效途径》，《河北广播电视大学学报》2014 年第 2 期。

其次，推动线上线下教育融通。各级教育组织可以通过国家数字教育资源公共服务体系，加大在线教育资源研发和共享力度，扩大名校名师网络课堂等教学资源的辐射面。学校可以研究制定具体办法，将符合条件的在线课程纳入教育教学体系。高校应保证纳入高等学历教育的在线课程质量不低于本校原有的面授课程。深入推进“三通两平台”建设，推动现代教育技术融入教育教学全过程。

最后，要培育优质在线教育资源。教育部门可以实施“教育大资源共享计划”，汇聚互联网教学、科研、文化资源，拓展完善国家数字教育资源公共服务体系。建设一批高质量的在线教育课程，探索学习成果认证和学分积累转换制度。优化结构，统筹利用现有资源，推出更多的国家精品在线开放课程、国家虚拟仿真实验教学项目，积极建设国家级和省级线上线下高等教育一流课程、基础教育示范课、职业教育示范课、继续教育示范课。

二、凸显政策保障

我国教育部门已推出一系列文件，规范与发展国家在线教育体系的运作机制：《国家教育事业发展“十三五”规划》提出继续教育持续发展，全民终身学习的态势初步形成。从全面建成小康社会、实现中华民族伟大复兴的战略高度出发，深入了解和准确把握在线教育的发展趋势和潜在影响，及时把发展大规模在线开放教育上升为一项国家战略，抓紧研究制订我国在线教育发展的中长期规划，明确各级政府、学校、企业和社会的职责任务，凝聚共识，汇聚资源，形成合力，着眼长远，引导和促进在线教育又好又快发展。① 而“互联网+”与继续教育的紧密融合，将有利于构建终身教育体系，加快推进学习型社会的建设。②

① 吴剑平、赵可：《论大规模在线教育的政策选择》，《清华大学教育研究》2013年第4期。

② 张洪林、杨力、段理、阳国军：《“互联网+”时代在线开放课程的建设与共享研究和实践》，《高等继续教育学报》2016年第5期。

首先,建立规范化准入体系。按照包容审慎原则,完善在线教育准入制度,明确准入条件与资质认证流程,建立健全在线教育资源的备案审查制度,切实维护国家安全、社会公共利益和师生个人信息安全。按照国家有关规定,规范面向中小学生利用互联网技术实施的学科类校外线上培训活动。在老龄事业相关政策措施中重视支持发展老年教育。探索开展老年教育发展情况调查统计工作,支持社会组织等第三方开展老年教育发展状况评估和研究。

其次,要加强基础设施建设。各部门抓住第五代移动通信技术(5G)商用契机,加快推动物联网、云计算、虚拟现实等技术在教育领域的规模化应用,提升教育服务数字化、网络化、智能化水平。实施“数字校园规范建设行动”,全面改善学校网络和接入条件,加快建设教育专网,一定时间内实现所有学校接入快速稳定的互联网。鼓励社会力量参与在线教育基础设施建设和运营管理,提供专业化服务。

最后,要加强在线教育人才队伍建设。各类职业院校、普通高校结合社会需要和办学特色,把教育投入落到实处,切实加强人工智能、物联网、大数据、网络安全等相关专业建设,大力推进“互联网+”“智能+”教育教学改革,促进学科交叉融合,培养在线教育行业发展各类急需人才。企业与职业院校、普通高校搭建在线教育创新人才培养基地和供需对接平台,推动互联网与教育行业人才的双向流动,培训一批会技术、懂教育的高水平从业人员。

三、落实经费支持

我国社会主要矛盾已经转化为人民日益增长的美好生活需要和不平衡不充分发展之间的矛盾。解决这一社会主要矛盾的重要举措之一,就是重点加强供给侧结构性改革力度,以高质量的供给创造新的市场需求。民营经济作为有效推动国民经济持续健康发展的资源配置方式和生产经营方式,具有贴近市场创新的优势,将在促进经济高质量发展补齐民生“短板”中,迎来更大的发展空间。完善经费筹集制度，落实经费支持。避免因企业经营困难导致优质职业培训机构等资源流失，鼓励社会资本参与相关教育培训实践，为终身教育发展提供更多资金支撑。

首先，出台财政支持政策。政府部门出台税收优惠等财税政策扶持民办教育。根据现行税法规定，从事学历教育的学校取得的教育劳务收入免征营业税。对符合条件的非营利组织的非营利性收入，免征企业所得税。包括教育在内的公益事业的捐赠，企业可按年度利润总额的30%进行税前扣除；承受的土地、房屋权属用于教学的，免征契税。

其次，落实财政支持政策。在中央财政的引导和带动下，地方财政结合本地实际，也需要制定相关的政策措施，通过安排生均拨款、奖励性补助等多种方式，积极支持社会力量举办终身教育；完善各地政府购买优质在线教育资源与服务的相关制度，将在线教育资源与服务纳入地方政府购买服务指导性目录；统筹利用现有资金渠道，加强在线教育平台建设与示范应用。

再次，拓展金融支持渠道。各地区要采取多种方式努力增加对在线教育的投入，切实拓宽终身教育经费投入渠道，形成政府、市场、行业协会和学习者等多主体分担和筹措教育经费的机制。

最后，多开发金融产品。鼓励银行等金融机构开发符合在线教育特点的金融产品。利用创业投资基金、天使投资及资本市场融资等多种渠道，引导社会资本支持在线教育发展。支持符合条件的在线教育企业发行“双创”专项债务融资工具、创新创业公司债券。

四、推进服务发展

在开放教育环境下，学习者更可能需要有组织和有指导的教学。① 推进在线学习服务，既需要从个人、家庭入手予以关注重视，也需要企业、社区和各

---

① 索姆·奈杜、肖俊洪：《开放教育实践再思考》，《开放教育研究》2014年第2期。

级组织全社会的积极投入。比如,企业员工、农村村民、社区居民和老年群体提供针对性强、各具特色的学习课程和学习环境,这就需要打好建设学习型社会的物质基础,开办好各式各类学校,满足人们不断增长的精神需求。提供公益服务的政府部门,要完善人民群众的服务体验,努力使全社会关心、支持和参与终身教育的发展。

首先,保护消费者权益。政府部门加强教育与互联网等相关领域各项法律制度衔接,完善在线教育机构的备案、选用、监督、检查、通报、退出等全周期制度体系。推动在线教育机构按照公开、公平、公正原则,建立质量标准,明确服务规则。畅通在线教育消费投诉渠道,完善投诉响应、纠纷处理和多方调节机制。加大在线教育机构信息强制公开力度,充分发挥社会公众、新闻媒体、消费者协会、行业协会的外部监督作用,实现共治共管。

其次,创新管理服务方式。利用现代信息技术手段推动对在线教育机构的大数据比对分析,通过信息监测、在线识别、源头追溯等方式,识别行业风险和违法违规线索,实现以网管网。强化对在线教育机构的实时监测和风险预警,建立在线教育机构和从业人员信用记录,完善身份认证、双向评价、信用管理机制,维护良好教育秩序。

最后,营造全民学习氛围。各地区、各部门要广泛宣传党和国家关于发展终身教育的方针政策,广泛宣传教育发展中的典型经验、案例、做法和成效,努力使全社会关心、支持和参与终身教育的氛围更加浓厚。通过社区学校、成人学校、老年学校以及不同的学习方式,努力建设学习型家庭、学习型组织、学习型企业、学习型社区和学习型城市,为全民终身学习打下良好基础。要充分调动全民参与学习的积极性和主动性,积极培育全民学习文化,使学习风尚融入全民生活,使在线教育成为全民终身学习的重要内容。

五、加强监管协调

目前社会助学机构的不规范办学、生源恶性竞争、虚假招生宣传欺骗误导考生等情况屡见不鲜,尤其近年来违规事件增多,负面影响极大。[①] 经过数十年的发展,函授教育、网络教育和远程开放教育等形式的学历继续教育都形成了各自独立运转的体系,但服务对象相同,彼此竞争逐利。部分以追求暴利为目标的企业依附高校生存,以高校的声誉为掩护,以侵害高校信誉乃至整个继续教育行业信誉为代价谋取利益。这些情况,就需要各个部门、机构加强监管协调。[②] 在线教育体系的发展一般是政府居主导地位,教育部门制定相关政策,各地方政府相互配合。政府部门无力亲自主导或办理此活动,如果能委托相关的专业团体或学校来办理,而由政府决定政策,负责监督,政府及社会组织相互合作,截长补短,可发挥相加相乘的效果。

首先,要加强知识产权保护。依托国家数字教育资源公共服务体系,监管部门完善在线教育知识产权服务保护机制,在知识产权创造、转化、交易、托管、权益维护等方面提供专业服务。依法严厉打击侵犯知识产权违法犯罪行为,推动形成公平竞争的市场秩序。有条件的学校建立知识产权运营、科技成果转化的专门队伍,形成科技成果转化和知识产权保护、应用的有效机制,推动建立完善有利于科技成果转化的评价体系。

其次,要推进产学研用一体化发展。职业院校、普通高校、科研院所、企业等密切合作,深入实施产学合作协同育人项目,围绕在线教育打造资源共享、开放共建的创新联合体。在线教育企业在职业院校、普通高校建立研发机构和实验中心,促进科研与教学实现良性互动。加强智能教学助手、人工智能教师等新技术在教育领域的应用,推动教育模式变革。创新校企合作模式,还必须在内涵上加强职业院校与企业的对接工作,这样才能保证校企合作落到实处。[③]

---

① 梁媛:《基于考生满意度调查的自考远程教育必要性分析》,《中国成人教育》2015 年第 16 期。

② 吴思孝、杨淑珺、王洁曼:《浙江省终身教育发展的特点、问题与对策》,《成人教育》2020 年第 9 期。

③ 张志强:《校企合作存在的问题与对策研究》,《中国职业技术教育》2012 年第 4 期。

再次,要加强部门协同监管。适应在线教育跨领域、跨区域的特点,加强监管部门协同和区域协同,充分发挥民办教育工作、职业教育工作、“互联网+”行动、网络市场监管、消费者权益保护等部际联席会议机制作用,提高监管效能。借助全国一体化在线政务服务平台、国家数据共享交换平台、全国信用信息共享平台、国家企业信用信息公示系统,加大对在线教育机构基本信息和各类许可信息的归集力度,加强部门间数据共享,形成管理合力。

最后,需要强化行业自律。政府部门要支持在线教育行业组织建设,在机构自治、行业自律、交流合作、协同创新、履行社会责任方面发挥桥梁和纽带作用。政府应该鼓励行业协会等第三方机构根据在线教育行业特点,制定行业公约,开展在线教育机构服务质量认证和从业人员能力认证。行业协会应该加强政策宣传,积极推广在线教育的优秀经验和成功案例,引导行业健康有序发展。

第五章　全民终身学习视野下我国在线教育体系的环境设计

自终身学习理念传入我国后，我国政府高度重视终身学习理念，并持续推出了多项相关政策。作为推广终身学习理念的一项重要载体，在线教育能够为所有学习者提供服务，十分灵活。随着科技的发展，在线教育作为一种打破空间与时间束缚的教育方式，其发展已经较为完善，尤其在“互联网+”的背景下，在线教育人数更是稳定增长，用户需求逐渐丰富。在我国教育部政策的引导下，在线教育体系的环境设计成为重中之重。

第一节　全民终身学习视野下在线教育环境的元素构成

作为教育环境的组成部分，其构成元素决定了在线教育的发展程度和效果。在线教育环境通常包括以下元素：学习者、教师、学校和信息技术、教育内容（见图 5-1）。与传统教育不同的是，这些元素在在线教育中扮演的角色发生了变化。

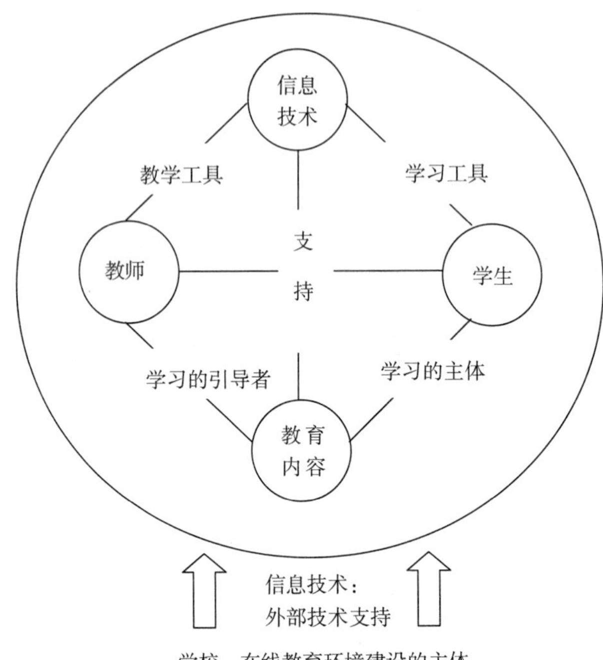

图 5-1　在线教育环境元素构成

一、学习者

在传统教育中，学习者作为学习内容的接收者，其身份不可逆转，而且只能在固定场所接受固定教师的教育，比如学习者在平时的教室中学习语文、数学等学科，在机房学习信息技术，而每科的教师在很长时间不会更换；在线教育中，学习者既是接收学习内容的人，也可以是传播学习内容的人，彼此之间既可以分享学习资源，也可以随时随地选择适合自己的教师进行学习。传统教育中，教师充分发挥主导作用，为学习者选择合适的学习内容，提供学习资源；终身学习最重要的是学会如何学习，是学习者主动的学习，在在线教育中，学习者需要发挥主体作用，学习不再由教师主导，而是需要发挥学习者个体的主观能动性，学习者在学习过程中得扮演积极的角色，在庞大的学习资源中，选择自己需要的、适合自己的内容，同时要保持自身的学习动力，尤其是需要自我激励,培养积极的学习态度。如果学习者在学校的经历是不成功的、消极的,如果他们因为例如学习成绩相对较差这样的原因而气馁,他们就不想继续学习。[①] 在线教育缩小了学习者之间可能存在的知识鸿沟和数字鸿沟,为某一水平的所有学习者提供了相同的学习机会。在在线学习过程中,学习者需要:适应技术的发展,掌握在线学习的学习方法;有意义地利用学习资源与教师资源;运用在线学习改善终身学习的方式。

二、教师

在传统教育中,教师作为知识的传授者,基本单向向学习者传递知识,所带学习者也基本就是本班学习者,除非学习者年级变化或者自身工作变化,所带学习者在一年中相对也是固定的。而在线教育环境中,教师的角色是双重的:一方面,他们是提供在线教育课程、为学习者答疑解惑的教学者。在线教育环境下,教师的学习者数量也许十分庞大,而且学习者不是固定的,在以学习者为中心的环境中,教师与学习者的时间和距离的分离也改变了教师的角色,教师不再是单纯地传递知识,而是成为引导者、指导者、调解者,主要是帮助和支持学习者,需要教会学习者在信息爆炸的时代,筛选、辨识、获取自身所需的知识,激发学习者终身学习的意识,指导学习者掌握终身学习的能力。另一方面,他们是自身专业发展的学习者。教师的专业发展并不是教师日常工作的一部分,课堂作为一个工作场所,对教师的学习贡献不大,他们需要额外的时间和精力来学习新东西。[②] 教师作为终身学习者经常参加高等教育机构的在职培训。[③] 然而教师往往没有时间离开他们的工作场所和学习者,所以

① 李宝敏、祝智庭:《从关注结果的"学会",走向关注过程的"会学"——网络学习者在线学习力测评与发展对策研究》,《开放教育研究》2017 年第 4 期。

② 丁亚元、刘盛峰、郭允建:《远程学习者在线学习力实证研究》,《开放教育研究》2015 年第 4 期。

③ 崔珍珍、周晓梅、黄东安:《基于因子分析的学习型组织模型的实证研究》,《科技通报》2016 年第 12 期。

最方便的安排是在自己的工作场所学习。因此,最佳方式就是充分利用在线教育。在线教育环境下,为做好终身学习的准备,并向学习者推广终身学习,教师应具备终身学习的教育素养,并了解终身学习在改变学习环境方面的作用;懂得如何促进和融合学习创新;能够熟练运用信息技术来支持和管理学习过程。

三、学校/平台

学校对学习者、家长、教师来说,是最重要的正规学习机构。在传统教育中,学校有固定的场所、专门的教师和一定数量的学习者,有一定的培养目标、管理制度和规定的教学内容。然而在线教育的发展对各种学习活动和教育机构,特别是学校,提出了新的要求:以教师为主导的传统学习在学校教学中应该逐渐被一种促进创造性、协作性和知识建构与应用的新型学习方式所取代。学校不是仅仅作为一个教学机构,只是在给定时间内根据具体的规划教学,它需要提供获得基本技能的机会,而且应发展一种学习文化。因为学校学习的结果不会持续终身,但高质量的终身学习离不开在学校打下的基础。在线教育体系中与学校相对应的就是在线学习平台。平台需要开设模块化、开放、自主的学习课程,需要在在线教育发展较为完善的当下,推出具有自身特色的在线课程,无论是疫情期间那种特殊的在线课堂,抑或是平时在校学习课程的辅助课程,这都值得学校花费时间、精力去打造。教育系统必须变得更加开放和灵活,这样学习者才能设计出适合自己兴趣和需要的个性化学习策略。① 平台的在线教育环境可以提供最新的资讯,为所有学习者提供学习的机会,学习者可以积极参与决策,积极参与论坛的讨论。学校或平台需要在以下几个方面支持在线教育环境的建设:帮助学习者做好在线学习的准备,专注于满足学习者的个人学习需求,为学习者提供丰富的学习服务;应该以学习者为中心,

① 李志凯:《远程教育教师专业发展研究》,《继续教育研究》2016 年第 6 期。

而不是以课程为中心；为教育环境的变化做好准备，比如技术的更新、教学方法的改进。

四、信息技术

信息技术在在线学习中扮演着重要角色，因为它在学习、教学方法、教育工具和环境方面具有巨大的创新潜力。信息技术技能是积极参与知识社会与经济所必需的技能。它为在线学习提供了一个技术环境，可以轻易地适应变化。在传统教育中，信息技术主要体现在信息技术课程的学习中，教师利用计算机、多媒体等工具进行教学，学习者学习相关的简单技能。在线教育环境中信息技术则扮演着不可或缺的角色。随着科学技术的飞速发展，信息技术成为联结学习者与世界的重要通道，它影响着个人和专业生活的几乎所有领域的变化，特别是个人和机构的学习。为了进一步发展，教育正在从向学习者提供内容和指导，转变成为提供给他们真正需要的知识，这种新思想大大提高了信息技术在教育中的地位。目前来看，信息技术已逐渐成为服务于教育事业的一项重要技术。信息技术有助于在线教育的改革，能够打破时间、空间的限制，让学习者共享丰富全面的资源，大大提高了学习者的积极性、主动性和创造性。在线教育环境中信息技术的主要特点有：时间与空间上的灵活性，学习者可以随时随地学习；学习资源获取的便捷性，信息技术让学习资源的获取变得简洁方便，内容也更为丰富；学习交互的简便性，学习者与教师能够利用网络实现交互，学习者也可以与学习平台发生多种正向交互。

五、教育内容

教育内容是基于一定社会的生产力和科学文化技术发展水平之上，学校向学习者传授的知识和技能、灌输的思想和观点、培养的习惯和行为的总和。传统教育中，教育内容在学校中的具体表现形式是课程标准和教科书，课程标准的修订和教科书的更新换代通常需要数年的时间，具中提供的前沿技术往往跟不上时代的变化。在线教育中,教育内容的具体形式发生了变化,原本固定不动的内容以生动形象的形式出现,纸质的教材转变为数字资源,不论是课程的大纲还是教学计划,学习者都能够从在线教育平台上轻松获取,学习进度更是被平台记录,学习者能够进行有规划的学习。教育内容的选取也变得现代化,更符合时代发展特色、贴近学习者生活①,同时由于网络资源传播速度快、更新快的特点,在线教育内容的更新往往能够紧跟时代前沿,促进学习者的创新性培养。互联网背景下,按照现代社会人才成长的内在规律进行选取内容是必然的趋势。② 从教育内容资源的获取来看,传统教育的教育资源往往局限于课本和光盘,学习者无法获取真正想要或者是更多想了解的内容,而在线教育内容显然没有这样的顾虑,在海量资源的支持下,学习者能够轻松获取需要的学习内容,省却了大量翻阅书籍的操作,提高了学习效率。

综上所述,随着技术的不断发展,面向终身学习,在线教育环境的构成要素在在线教育中扮演的角色产生了较大的变化,对此进行的研究能够为如何有效开展在线教学、如何提供多项支持服务等提供理论指导。

第二节　全民终身学习视野下在线教育环境的设计原则

终身学习是指社会每个成员为适应社会发展和实现个体发展的需要,贯穿于人的一生的、持续的学习过程。通过对终身学习理论和在线学习环境的分析和讨论可知,全民终身学习视野下在线学习环境设计必须遵循一些基本原则。

① 冯晓虹:《远程教育在终身教育体系构建中的角色与使命》,《继续教育研究》2016 年第 10 期。

② 彭青:《从共享经济到共享教育:现实与发展》,《教育学术月刊》2020 年第 2 期。

一、教育目标差异化

教育的根本目的是培养真正的人,培养全面、完整的人。首先,要区分成人学习者与中小学学习者的教育目标,中小学学习者可能表现出与成人学习者根本不同的特征。大多数成人已经掌握了学习的基本方法,能够轻松获取自己需要的资源,而中小学学习者不直接接触社会,还需要通过认真的指导来获得必要的技能。因此,中小学在线教育环境设计的一大目标是让学习者学会如何学习,在于锻炼脑力和思维强度,知识体系化特征就比较明显,强调循序渐进,强调结构完善,强调顺序和流程,强调严谨和周全。成人在线教育环境设计则是缺什么补什么,要考虑到成人学习者职业技能提高的需求。其次,要区分不同年龄段学习者的教育目的。在线教育学习者的年龄从几岁到七八十岁,年龄跨度极大,不同年龄段学习者能够接受的知识深度不同,例如让年龄较小的学习者理解晦涩难懂的文章或者是学会一些困难的几何显然是不合理的。年龄较小的学习者应从锻炼思维、培养时间管理习惯开始,逐步培养他们的自我调控、自我反思能力,年龄较大的学习者应从他们的发展需求出发,重点培养职业发展所需技能。最后,要考虑同一年龄段不同学习者教育目标的差别。教学需要尊重学习者的个性,力求发掘学习者潜能①,每个学习者都是不同的个体,在线教育平台和教师要能够树立符合学习者兴趣发展、有利于学习者个体成长的教育目标,而不是要求每一个学习者在线测试都达到一百分。

二、教学资源系统化

众所周知,在线教育的一大特点是能够迅速将最优质、海量的教育资源摊

① 吴南中、夏海鹰、张岩:《信息技术推动教育形态变革的逻辑、形式、内容与路径》,《中国电化教育》2019 年第 11 期。

平到全社会①,但是随之而来的问题也不容小觑,对学习者来说,面对海量在线学习资源,由于自身不熟悉,很容易产生畏惧感,也许会因为这样的原因而气馁,不想继续在线学习。各方如何针对学习者特点提供合适的学习资源也成为不得不关注的问题。一方面,教育平台在线教育环境建设时就需要根据教学大纲与教学特色,对学习资源进行合理分类,在学习资源的选择和使用方面,需要考虑地区、年龄、学科、基础还是拓展等对学习资源的需求差异②,各种学习资源都需要一一分类并打上标签,方便学习者搜索、浏览,对相关资源能够很快有清楚的了解。在出现特殊情况时更需要紧跟时事,提供学习者急需的学习资源,如疫情期间相关的安全卫生资源等。对学习者教育资源的供给也要做到"按需推送",精准把握学习者的真实需求,分析学习者需要的学习资源。另一方面,教师需要充分发挥引导作用,充分考虑学习者年龄,结合对学习者的认知,挑选优秀且合适的内容作为学习资源。但这也不是长远之计,面向终身学习,教师更需要帮助学习者学会如何挑选学习资源,利用在线面对面会议等方式,像实验课教学那样,帮助学习者掌握挑选学习资源的原则、步骤以及注意点。如果是作为资源提供者的教师,在教学过程中就更要考虑学习者的学段等特点③,随时注意自己讲授的内容是否过于复杂困难、逻辑是否清晰合理、内容安排顺序是否符合学习者认知发展、使用的教学媒体能否有效提高学习者的学习积极性等。

三、教育过程情境化

情境教育的一大优点在于能够培养学习者积极的情感态度,加快他们的

---

① 李宝敏:《远程教育中学习者对网络学习环境需求研究》,《中国电化教育》2010 年第 3 期。

② 黄新斌:《全民终身学习平台架构:基于"湖湘学习广场"的个案研究》,《职业技术教育》2011 年第 8 期。

③ 黄荣怀、张慕华、沈阳、田阳、曾海军:《超大规模互联网教育组织的核心要素研究——在线教育有效支撑"停课不停学"案例分析》,《电化教育研究》2020 年第 3 期。

记忆加工与储存,生动、形象、有趣的教学过程可以为学习者营造一种轻快、愉悦的学习氛围,从而激发他们的学习积极性。在线教育中直接将授课视频传到网上与传统教育其实没有明显的区别,可能不会像高度互动的课程那样引起学习者的兴趣和动机①,因此在线教育过程中如何实现情境化教学就更需要深思。

一方面,学校需要利用教育平台建设情境化教育环境②,比如提供小组讨论交流的学习环境,推送与学习者所学内容相关的学习内容,提供学科学习过程中必需的学习情境,例如模拟实验室等,为学习者提供一个无障碍交互的情景化学习环境。另一方面,教师需要依据自身学科特点,在教学过程中创建不同的情境,为学习者提供真实情景的图片、视频等,用优美的语句为学习者创设一个令人遐想的情境,在情境的熏陶下学习者可以产生愉悦感和幸福感,帮助学习者模拟在真实情境中的学习,来激发学习者学习的积极性;操作类学科则是提供实验室等情境,让学习者能够自己去动手探索,通过现实场景这样的手段让学习者的感官直接与情境接触,能够引起学习者强烈的情绪、不由自主地投入学习活动中。运用暗示倾向可以使学习者更加投入地学习,并且激发他们的潜能,有潜移默化的改变作用。③ 在线教育中以学习者为主体,在教学的过程中,教师还需要为学习者布置各式各样的任务,帮助学习者基于情境用现实的方法去完成任务,这也是帮助学习者学会如何学习的一种重要方式,为学习者的终身学习能力打下坚实基础。

---

① 郑燕林、李卢一、王以宁:《教师网络教学素养的构成及培养》,《现代远距离教育》2009年第2期。

② 刘懿、郑彩华:《网络传播与终身教育发展》,《继续教育研究》2010年第3期。

③ 任友群、徐世猛:《开放课程的探索与思考——从学习者、决策者到建设者》,《现代远程教育研究》2013年第5期。

第三节　全民终身学习视野下在线教育环境的设计过程

在线教育环境的设计一般遵循以下过程：教育目标设计、教育内容设计、教育方法设计、教育资源设计、教育评价设计，具体过程见图5-2。

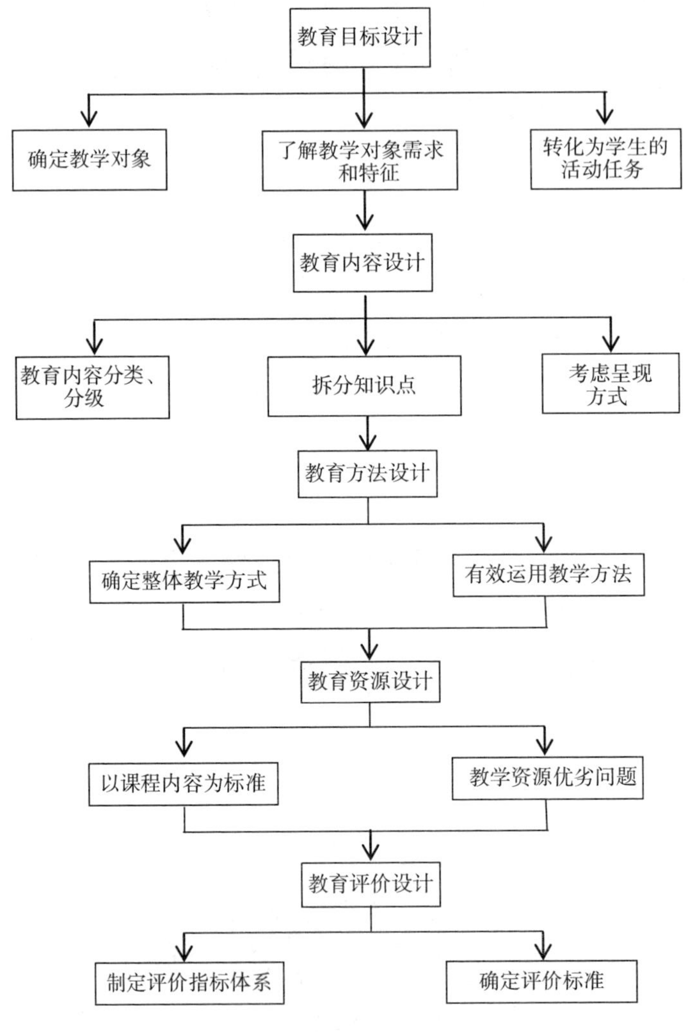

图5-2　在线教育环境设计过程

一、教育目标设计

所有在线教育的环节都是围绕学习者展开、为学习者服务的①，因此在线教育环境设计首要考虑的就是对用户进行充分的调查和分析，确定平台的教学对象属于什么类型，包括中小学、大学、成人等。充分了解教学对象需求和特征之后，能够帮助教师确定更详细的教育目标，帮助学习者进行更有效的在线学习。在分析学习者之后，再根据学习者需求和特征确定教育目标。教育目标的确定与选择影响着平台对教学内容的选择。中小学学习者教育目标以提高学习成绩为主，兼以培养学习者的自主学习能力；大学生已经具备一定的自主学习能力，以创新能力和信息素养的培养为主；成人教育以技能教育为主，以满足就业需要或提高工作的能力。最后，在线学习活动中，教学目标会被转化为学习者的活动任务，这是整个在线学习活动的关键一步。② 教师根据对学习者水平的分析以及自身确定的教学目标，与学习者之间达成课程目标的共识，明确学习者在学习某个知识点之后能够达到什么程度，或者学习某个知识点之后能够学会什么技能、作出什么作品。

二、教育内容设计

教育内容是教师向学习者传递的主要信息。首先，教育内容的设计需要在对学习者和教育目标分析的基础上，平台根据学习者需要，筛选出合适的教育内容，确定教育内容的大方向，对教育内容进行分类、分级。其次，教师确定自己的教育内容，将相对复杂、难以理解的知识点进行拆分，综合考虑知识点之间的差异与联系，从宏观层面对教学内容进行设计，为学习者未来的学习打下基础。最后，教师考虑教育内容的具体呈现方式。教育内容的呈现包括信

---

① 刘剑、于建芳、徐振国：《基于微信公众平台的微学习模式探究》，《中国教育技术装备》2015 年第 4 期。

② 费杨：《引领式在线学习活动的构建设计》，《科技视界》2019 年第 27 期。

息组织、信息编排、媒体和符号表现形式等多个方面的要素，需要课程开发团队对教育内容进行有效组织，借助教学媒体增强表现力，并通过互联网完成教育内容的发送。根据梅耶的多媒体学习原则，呈现教学内容时，恰当地利用多种媒体形式，能够帮助学习者更加容易地理解学习内容，尤其是讲述概念等比较抽象的内容，辅以形象具体的图像更能激发学习者的学习积极性。①

三、教育方法设计

教育方法的设计包括教育平台在宏观上的设计以及教师在微观课堂上的设计。从宏观来看，教育平台从技术上确定整体教学方式，包括直播形式的教学、上传视频的教学等。由于在线教育的教育内容主要针对课程的基础知识展开，因此在线教育环境中常见的教育方法是讲授法和讨论法。② 在线教育的形式有在线学习、混合学习、协作学习、同步课堂、颠倒课堂、课堂实时互动等。从微观来看，科学、合理地选择和有效地运用教学方法，要求教师能够在现代教学理论的指导下，考虑到教学目标、教学内容、学习者特性等因素，熟练地把握各种教学方法的特性，综合地考虑各种教学方法的要素，包括教学的目的和任务、教学内容的性质和特点、教学对象的实际情况、教师自身素养及所具备的条件以及教学方法的类型与功能等。

四、教育资源设计

不同教学对象需要的教育资源同样不同。首先，面向小学的教育资源设计主要以我国教育部发布的纲领性文件为标准，在此基础上考虑地区之间的教育差异，结合地方发布的教育文件，对教育资源进行分学段、分级设置。低

① 严莉、苗浩、王玉琴：《梅耶多媒体教学设计原理的生成与架构》，《现代远程教育研究》2013 年第 4 期。

② 胡小勇、朱龙、冯智慧、郑晓丹：《信息化教学模式与方法创新：趋势与方向》，《电化教育研究》2016 年第 6 期。

年级充分考虑学习者认知水平，提供包含字母的资源。其他年级则要满足学习者对本年龄段内的资源需求。其次，面向大学生的教育资源设计以课程内容为标准，教育目标为导向，但又要高于课程目标的要求，注重创新思维领域的培养。随着在线教育的全球化发展，教学资源的共享已不是难题，但随之而来的就是教学资源的优劣问题。教学资源是在线教育的载体，优质的教学资源源于平台的详细筛选与教学团队的配合完成，因此最后也是最重要的一步，就是教育资源筛选。教师根据教育目标和教学要求，进行有针对性的选择，将适合的教育资源分享给学习者，减轻学习者寻找资源的压力。除此之外，还要考虑教育媒体资源的设计。平台需要支持图片、文字、音频、视频等多种多样的教育资源，让媒体资源的使用能够充分调动学习者的学习积极性。

五、教育评价设计

任何教育评价，都是通过制定评价的指标体系和评价标准，规定、引导着教育努力的方向。① 一方面，平台提供教育评价的技术支持，完善在线讨论区、师生互动功能以及在线测试题库等，构建全方位的教育评价系统，利用各板块获取的数据综合评价，确定评价的维度，包括获取在线时长、用户活跃度、在线测试成绩等。另一方面，针对不同对象设计不同的评价模式。还有一方面是以学习者为对象的教育评价。教师提供的题目类型和难度，需要按照学习者接受度和学习水平进行划分，注重学习者的创新思维培养，考察学习者对问题的个性化见解。教师根据教学目标，将教学目标具体化，细分为多个指标，设定评分标准，确定评价形式，包括学习者自评、学习者互评以及教师评价等。

总的来说，在线教育体系的环境设计是一个系统的过程，为了能够充分融入终身学习思想，各组成要素按照一定的规律有序排列组合，紧密联结、息息相关。

---

① 孙洪涛、郑勤华、陈耀华、陈丽：《基于学习分析的在线学习测评建模与应用——课程综合评价参考模型研究》，《电化教育研究》2016 年第 11 期。

第四节　全民终身学习视野下在线教育环境设计的案例分析

目前,各国在线教育环境设计已经颇有成效,从大学、成人教育两个层次对现有的在线教育环境进行分析,能够总结其共同特征以及面向不同对象的区别。

一、案例一:面向大学生的在线教育平台

面向大学生的在线教育平台,例如中国大学慕课是国内优质的中文慕课学习平台,由爱课程网携手网易云课堂打造,平台拥有包括“985”高校在内提供的千余门课程,且提供了大量的国家精品课程,是目前我国最大的学习在线教育平台。

(一)教育目标设计

中国大学慕课的教育对象主要是大学生,教育类型为高等教育,因此教育目标需要符合我国高等教育的人才培养目标。2012 年我国制定的《高等教育专题规划》中确定了人才培养方面的目标,人才培养要适应经济社会发展和人的全面发展需要,自主创新能力明显增强,更是强调文化传播、科学普及的重大作用。因此,中国大学慕课主要依据国家规划,运用多媒体技术展现新知识,强调学习者自主学习能力的培养,有助于促进知识方面和自主学习方面的教育目标。然而,在道德素质和创新能力方面,平台能力有限。从微观角度来看,每门慕课的教育目标设计主要由教师根据教学大纲提出,且相同课题的在线课程教育目标有所差别,缺乏科学理论指导。除此之外,中国大学慕课以信息素养教育目标为导向,注重提高学习者利用各种信息资源的意识和处理信息的能力,尤其是帮助学习者适应基于资源的学习。

（二）教育内容设计

中国大学慕课将课程分为国家精品、计算机、外语等十六个维度，同时提供升学/择业课程，包括考研、四六级等课程，近期更是推出了终身学习的名师专栏栏目，为学习者展示教师的成功经历，介绍提高情商、锻炼思维的小技巧，更有直播提供与教师互动的机会。相关课程开课前，教师发布课程概述、课程大纲、教学目标、教学进度安排等，帮助学习者了解教育内容，以供学习者选择。正式开始上课前，系统会通过电子邮件或者其他形式通知参加课程的学习者，平台上也会有开课信息推送。学习者根据需要选择教育内容，具有较强的主观选择性。课程的内容进行了系统化的安排，一般以周为单位发布学习内容，包括主要的视频和辅助学习的测试题、讨论题等。由于中国大学慕课视频内容往往有时长限制，一般为5—15分钟，因此教师讲授较为浅显且比较重要的知识点，学习者能够掌握的内容有限。

（三）教育方法设计

由于教学对象主要是大学生，已经拥有一定的自主学习能力和自我管理能力，因此教法方面以讲授法为主，辅以讨论法、练习法。教师提供以讲授为主的视频，辅以在线测试。针对学习者提出的问题，授课教师通过平台及时解答他们的疑问。这样的教学方法也存在一定的问题，如操作类课程，教师难以了解学习者对技术操作的把握程度，且学习者难以积累操作经验。学法方面，中国大学慕课课程以自主学习法为主，合作学习法为辅。学习者主要自主观看教师发布的教学视频，查看教师发布的教学资源，自主安排学习任务，制订学习规划，需要较强的自主性。合作学习主要以论坛互动的形式，平台较为注重讨论区的创建和维护，学习者在学习的过程中，能够遇到志同道合的学习伙伴。

（四）教育资源设计

中国大学慕课平台在资源设计方面，一方面，它蕴含着丰富的课程资源。平台拥有包括985高校在内提供的千余门课程，大多国家精品在线课程都包含其中。平台开设课程主要来自人文心理学、计算机科学、生物医学、经济学等领域，既包括专业性较强的课程，也包括趣味性较强的综合性课程。另一方面，每门课程中提供的资源都较为结构化，对应内容的资源上传到对应周的资源库中。教学资源根据课程内容，根据时间纵向发布，能为学习者提供比较清晰的资源导航，方便学习者找到每个单元相关的资源。但总的来说，中国大学慕课很少考虑学习者特色，提供的资源存在与学习者认知水平不符合等问题，仅少部分课程针对不同学习水平的学习者提供不同层次的资源。

（五）教育评价设计

中国大学慕课主要采用在线测试的方法，包括平时的测试以及期末测试。在平时学习的过程中，学习完相关的内容就需要完成一定的测试，主要以客观题为主，系统直接进行评分。因此，在线测试的题目难度通常较低，以客观题为主，包括选择题、填空题和判断题等，缺乏对知识的深入巩固以及操作技能的锻炼。教师根据在线测试题目的结果来了解学习者的学习情况。除了客观题的考察之外，教师也会布置主观性题目，锻炼学习者的自主思维能力。评分按照学习者评价和教师评价两种方法相结合，学习者之间互评，还需要对自己的作业给出评分，综合以上评价结果，得出最终作业成绩。期末考核同样在线进行，测试时长受到一定的限制，一般在学习者打开试卷后开始倒计时，学习者自主完成测试，客观题的正误由系统直接判定，主观题由教师评分。然而，除了期末考试时长的限制之外，中国大学慕课缺乏对学习者在线测试的监控，难以保证学习者作答的真实性，教师能够获得的反馈有限，慕课教学设计的改进受限。

总的来说,中国大学慕课平台的教育环境设计教学资源丰富,符合大学生的认知特点,能够充分培养大学生的终身学习能力,但操作类课程存在局限,教育评价缺乏监控,还有很大的改进空间。

二、案例二:面向成人的在线教育平台

我国主流的面向成人的在线教育平台,例如尚德机构,以服务考生为宗旨,内容涵盖学历教育培训、职业资格书培训、国际教育等。

(一)教育目标设计

面向成人的在线教育平台,其教育对象主要是创业者和就职员工,教育类型为成人教育。在参加工作之后,成人学习者由于工作发展的需要,需要不断进行知识能力的补充和提高,以期提高自己的工作能力、竞争能力。成人在线教育平台中,学习者往往是自费的,因此平台会为学员热情服务。学习者选择的余地较大,针对性在于专业性和实用性是否符合学习者的需求。平台的教学思想以学习者为中心,重点关注成人学习者发展的需要,教育目标的制定更是会征求学习者的意愿,学习者通过平台联系客服,制定自己专属的学习目标。

(二)教育内容设计

目前,面向成人的在线教育平台,其教育内容设计主要分为三种:学历教育培训、职业资格书培训和国际教育。面向不同学历的成人学习者,平台提供不同的教育内容,主要划分为大专、中专、本科等。学历教育培训方面,平台提供成人自考相关教育内容,如历年模拟考试题库、真题等;职业资格书培训方面,平台提供直播辅导,辅以历年真题的讲解;国际教育方面,平台提供的教育内容以英语为主,还包括商业、软件等多种教育内容。针对不同水平的学习者开设初学者课程和中级课程,满足不同层次的学习者需求。

（三）教育方法设计

成人学习者可以利用计算机进行在线学习与交流，还可以通过手机、平板电脑等电子设备进行移动学习。① 成人学习者已具有一定的工作背景和相对成熟的心理状态，而且理解能力较强，但部分学习者可能存在对网络操作不熟练等问题，尚德机构的教学方法设计与课堂授课不同，充分考虑到成人学习者的特点及困难，制定符合学习者需求的教育方法。网页内容较为简洁，操作步骤简单，教学方式更重理论，教学方式以直播教学为主，学生课后可观看录播进行多次复习，充分调动成人学习者的学习积极性与课堂参与度，更加锻炼了他们的思维能力。

（四）教育资源设计

视频资源方面，尚德机构利用各工作室录制高清画质的在线课程，以视频或直播的形式呈现给学习者。正式选择课程前可以试听，试听是不收费的，只有确定选择课程后才需提交学费。高利润带来的则是更加高质量的课程，从而形成良性循环。师资方面，尚德机构与其他任何老师都可上传教学视频或直播在线课程的网站稍有差异，平台上所有的授课者至少拥有名校硕士学位，还有多年的教学经验，在教学质量上都有较强保证。

（五）教育评价设计

面向成人学习者的在线教育，往往以学习技能的提升和获得相应的能力以及职业技能证书驱动学习者学习。教育评价设计方面，平台通过科学化、客观化评价方式对学习者知识技能的综合水平进行评价，例如学习者之间的互相认可、学习者作品完成情况、教师给出的评价等。在大数据环境下，平台对

① 李斌、钱丰收、万赛罗、李翔：《面向成人高等教育的在线教学平台构建方法研究》，《中国教育信息化》2016 年第 7 期。

用户数据进行分析和比对,记录学习者长时间学习过程中的习惯和特征,帮助学习者养成更加良好的学习习惯,这种形式的教育评价让学习者的学习成果更有说服力。

综合来看,尚德机构从创业者或员工角度出发,以学习者需求为中心,以提高他们的学历和知识技能为培养目标。

三、案例分析总结

通过对国内外大学、成人在线教育平台的在线教育环境研究,可以得出如下结论:

教育目标设计方面,根据面向对象的不同,相应的教学目标设计也不尽相同。大学在线教育重在培养学习者的创新能力,成人在线教育出于学习者职业发展需要,以技能培养为主。

教育内容方面,平台的教育内容设计都是充分符合学习者特征的,内容框架基本都由微课视频文本等组成,学习进度由学习者自由掌控。课程模块的安排上,大学以学科领域为主要分类依据,成人教育以技能领域和技能掌握度为主要分类依据。

教育方法方面,面向大学生和成人学习者的在线教育以视频播放为主,学习者已有一定自主学习能力,在课程选择和课程学习方面自控力较强,有明确的目的性。

教育资源方面,除了教师讲授的视频资源之外,面向不同对象的在线教育都会提供很多促进学习的支持资源,包括视频资源、文本资源、图片资源等,大学以优秀的微课案例展示和相关文件等为主,成人教育以相应的软件和学习网站为主,都是有助于学习者学习的资源,保证了教育资源的多样性。

教育评价方面,每一门课程都需要有评价和测验的环节来检验学习者的学习效果。在线教育评价一般包括单元测试、作业和考试三个部分,这也是学习者在完成课程后获得最终成绩的部分组成,因此,这三个部分的设计比较重要。对于在线测试,大学生学习者以考察对学习内容的掌握为主,成人学习者以考察技能的掌握为主。

总的来看,终身学习理念指导下的国家在线教育体系的环境设计均以学习者个体的需求为出发点,科学、系统地安排教学资源,根据学习者特征合理安排教学方法、确定教学评价的指标体系。

第五节　全民终身学习视野下在线教育环境设计的总结展望

一、研究总结

终身教育体系是包括正规、非正规、非正式教育形式在内的完整体系,学校是最大的正规终身学习机构。终身学习的主体并不局限于成年人,同样也包含了中小学生学习者甚至每一个公民,随着在线教育的普及,对此接触较少的中小学生学习者也同样迎来了建设在线教育环境的机会。普通中小学教育是打基础的教育,这种基础就包括终身教育的基础。全民终身学习视野下中小学在线教育在构成元素上与传统教育似乎没有太大的差别,但是每个元素在教育中扮演的角色都发生了翻天覆地的变化:学习者由知识的接受者变为学习的主体,教师由知识的传授者变为学习者的引导者,学校由统一的学习场地变为学习者学习的支持者,信息技术变成学习者实现终身学习的最有效工具,也是在线教育的一项重要技术。

为了实现让学习者学会如何学习、培养信息素养这样的教育目的,在线教育环境设计需要遵循五大原则:教育目标差异化、教学资源系统化、教学方法多样化、教育过程情境化、教学评价人性化。教育平台需要开发有组织的学习者评估系统以促进一致的数据收集,调查与在线教育相关的学习者支持和有风险的学习者需求之间的关系,对在线资源进行有序整理,开发有效和可靠的工具来确定课程设计和教学中的交互质量。学校需要为不同年龄段和不同水平的学习者确定不同的教育目标,为在线教育环境的建设提供资金支持与技术支持,积极开发具有特色的在线课程,严格抓好在线课程的质量,对在线教育相关教师做好培训工作,规范人才培养的过程。除了这些在线教育环境的主要元素外,政府作为教育政策的制定者,更要在充分了解我国终身学习与在线教育实施情况的前提下,制定一系列保障措施,呼吁共同推动新时代在线教育的高质量发展,为更好地服务全民终身学习提供有力支撑。

在线教育环境的设计一般遵循以下过程:教育目标设计、教育内容设计、教育方法设计、教育资源设计、教育评价设计。从典型案例的分析来看,面向不同对象的在线教育在这几大过程上的设计大致相同,又各有特色。大学在线教育从培养学习者的创新能力出发,成人在线教育以学习者职业发展需要为中心。但总的来看,全民终身学习视野下的在线教育环境设计,离不开对学习者特征和需求的把握。

二、研究展望

从应用角度来看,全民终身学习视野下国家在线教育体系的环境设计展望有助于完善现有的在线教育环境。

首先是基于大数据的学习者行为记录与分析系统的构建。学习者的学习数据不仅包括网络学习活动的数据,还包括心理和生理状态的数据。在传统课堂上,教师可以通过肉眼直接了解学习者的心理、生理状态,但是在在线教育环境中,由于教师与学习者时空分离,教师难以了解学习者的在线学习状态。未来有望基于大数据技术,以摄像头为捕捉工具,充分通过计算机视觉、人机交互、生物特征识别等技术来捕捉学习者的行为。平台本身则是实时记录学习者操作数据,分析学习者行为数据,判断其学习状态,并且将结果反馈给教师,以便教师能够对学习者进行干预。更可以自动开启学习者干预机制,将结果反馈给学习者,督促学习者及时调整。

其次是个性化教育设计。网络教育的个性化建立在充分把握学习者学习情境的基础上。每个用户的年龄、教育程度、受教育程度、学习能力等都不同,这些差异会使用户在学习体验上有很大的不同。低学段的小学习者识字少、理解能力弱且集中注意力时间短,因此针对他们的全民终身学习视野下的在线教育课程需要偏向于设计一些操作简单、生动有趣、能吸引人注意的教学内容,如动画微课等,能够保证学习者的学习参与度,同时培养他们的自主学习能力;大学习者已经有较强的自主学习能力,因此面向大学习者的全民终身学习视野下的在线教育课程需要满足学习者知识上的需求,课程内容尽可能地精准、简洁,将重点放在知识点的教授上,并提供巩固学习的练习题,确保学习效率的最大化;年龄较大的在职人员或退休人员对现代技术的操作能力有限,因此面向在职员工的全民终身学习视野下的在线教育课程需要在操作界面上尽可能简洁,导航便捷,教育内容以满足学习者的技能需求为主。

最后是开放、智能的教育管理和评价。随着越来越多的软件、工具和设备应用于网络教学,在组织教学过程中需要考虑的因素越来越多,网络教学管理需要开放化,可以将教学活动过程中涉及的其他因素一并加入管理体系中。加强网络教育的全面质量管理,必须加强网络教育的生态建设,包括网络教育管理机制、网络教育文化和网络教学环境的建设。网络教学平台不仅将成为网络教学活动的载体,而且将逐渐演变为网络教育活动的一系列载体,并发展成为网络教育生态系统中的电子教育生态系统、电子教育活动及其相关的管理和服务,包括教师评估、电子教育管理、电子教育文化和氛围营造。人机交互、云计算和大数据等人工智能技术将在构建智能在线教育生态系统方面发挥不可替代的作用。

除了以上构想之外,随着人工智能、物联网等技术的飞速发展,我国的在线教育体系也将融入更多终身学习思想,构建起更为完善的在线教育体系。

第六章　全民终身学习视野下我国在线教育体系的质量保障

党的十九届四中全会明确提出构建服务全民终身学习的教育体系，国务院提出发展“互联网+教育”，教育部不断完善继续教育等，为推动学习型社会建设提供了重大机遇。2020 年 9 月 22 日，习近平总书记在教育文化卫生体育领域专家代表座谈会上的讲话中指出：要完善人民终身学习推进机制，构建方式更加灵活、资源更加丰富、学习更加便捷的终身学习体系。但是，如何规范发展在线教育、保证在线教育体系的质量，仍然是一大难题。因此，全民终身学习视野下国家在线教育体系质量保障研究，致力于在全民终身学习的视野下厘清在线教育体系质量保障的关键作用、基本结构、主要举措，旨在推动在线教育体系质量保障进一步完善。

第一节　全民终身学习视野下国家在线教育体系质量保障角色作用

在线教育发展如火如荼，形成了相对成熟完善的在线教育体系。体系可持续发展离不开质量保障，了解质量保障的重要性及必要性才能够更好地构建质量保障体系，从而不断推进在线教育的良性发展。

一、关于在线教育体系的质量保障

随着网络及通信技术的发展,以此为基础的在线教育异军突起。在线教育是当前随着互联网的出现而快速发展的一种新型教育形式,能够为各个年龄段的学习者提供学习资源,人人都能够拥有学习的权利,而且时时处处都能实现学习的权利。逐渐成熟的在线教育形成了相对稳定的在线教育体系,这是相互联系的各种教育机构的整体或教育大系统中的各种教育要素的有序组合。① 不可否认,在线教育体系在时间和空间的自由度、灵活度、网络化知识的获取广度、学生的学习自主度、教学形式的多样度等诸多方面优势明显。但其同样也面临在线教育教学质量难以控制的问题。② 问题来源于多个方面,学生自主性较低、教学过程教师难以控制,在线教育考核模式单一、教学管理不到位等。如何在网络环境下保障在线教育体系的质量是其发展中的关键性问题。③ 质量保障是提升在线教育体系质量的关键。

二、全民终身学习视野下国家在线教育体系质量保障的角色定位

质量保障是在线教育体系发展的推动者,质量保障是确保在线教育体系高质量持续发展的重要手段。2018 年 4 月,教育部颁布了《教育信息化 2.0 行动计划》,提出"积极推进'互联网+教育',坚持信息技术与教育教学深度融合的核心理念"。高质量的在线教育体系能够符合国内以及国际市场的需求,获得社会以及群众的认可度。质量保障能够推动在线教育平台更加健康

① 汪亚明、王珏:《我国高职本科教育的现状、困境和对策研究》,《中国高教研究》2014 年第 3 期。

② 陈丽:《亚洲国家现代远程教育质量保证体系比较研究》,《现代远程教育》2012 年第 2 期。

③ 赵慧:《基于校园网平台的在线教育质量保障体系研究》,《中国管理信息化》2017 年第 11 期。

稳定地发展,教育行业才会发展得更加迅速。

质量保障是学生高效学习的保障者,高质量的在线教育平台能够吸引和保持学生的学习热情,各大在线教育平台都有自身与众不同的质量保障方式,平台的改善需善于倾听学习者的需求并解决他们的问题,保障学生高质量个性化发展。高质量在线教育体系为广大学习者提供多元且丰富的学习资源,开辟一条便捷的在线教育路径。学习者可以在高质量的环境中进行充分互动交流,能够有效激发学习者自主学习的热情;提供优质的服务,让在线学习的环境能够为其服务,学员也不再是孤立地进行学习,而是紧密联系,通过相互沟通和互相督促,增加在线学习的约束力和监督效力。

质量保障是教师高质量教学的要求,高质量的教学离不开高质量的教学者,在线教育平台一方面要严格招聘高质量教师,另一方面要结合终身教育理念及全民学习社会的发展,给予教师终身专业训练,帮助教师获得专业技术知识技能,实施专业自主,并逐步提高自身从教素质。在线教育体系通过创新在线教育质量的管理途径,提高教师管理标准,鼓励教师在发展中追求创新,也为提升在线教育质量贡献力量。

三、全民终身学习视野下国家在线教育体系质量保障的关键作用

第一,作为一种新型的教育形式,在线教育的办学规模较大,在线教育体系为了应对教育市场竞争的需要,在发展过程中,必须处理好规模、效益与质量的关系,实现从“保量”到“保质”。通过质量保障体系建设,有助于在线教育体系明确教学质量目标和教学质量标准,厘清各部门在质量保障工作中的角色与功能,促进教学效果得以持续提高和改善、确保学习支持服务质量的不断提升,使学生及社会满意度不断提高,有助于保持在线教育体系自身教育质量与教育规模的平衡,确保较高水平的教学质量,实现其教育宗旨。

第二,在线教育体系只有建立完善的教育质量保证体系,才能具有自立于

继续教育生态之林的核心竞争力,才能实现在线教育体系的可持续发展。质量保障是在线教育体系在一个国家或地区的教育全民化和终身化过程中不可或缺的条件,建立可实施、有效的质量保证体系至关重要,离开质量保障体系的支撑,教育的全民化及终身教育作用的发挥等美好愿望皆将成为空中楼阁。①

第三,党的十八大提出,到2020年我国要进入创新型国家行列。一个国家的创新离不开人才,而人才的培养要依靠高质量的教育,高质量教育是建成创新型国家的重要基础,提高教育质量是转变教育发展方式的核心任务。《国家中长期教育改革和发展规划纲要(2010—2020年)》中提出“把提高质量作为教育改革发展的核心任务”,党的十八大报告也强调“要深化教育领域综合改革,着力提高教育质量”。在加快教育发展方式转变、推动我国从教育大国向教育强国迈进的过程中,提高教育质量始终应该牢牢把握。提高教育质量是回应和解决民生的重要内容。提高教育质量是增强我国教育国际竞争力的必然要求。随着经济全球化和信息化程度的不断提高,国与国之间教育领域的开放性也不断增强。国际竞争归根结底是人才的竞争,教育国际竞争力是一个国家综合国力的重要标志。因此,顺应教育信息化发展潮流,下大力气提高教育质量,不仅可以提高我国教育的信誉和地位,而且有助于提高我国在国际事务中的竞争力。始终抓住“质量”这条“生命线”,以质量求生存。

第二节　全民终身学习视野下国家在线教育体系质量保障的基本结构

在线教育体系由多个要素组成,包括国家、地方、学校和组织,各个要素之间相辅相成,构成在线教育体系的基本机构,这有利于师生快速适应在线教育

① 杨金来、吴乐珍:《地方开放大学教学质量保证体系的架构研究》,《现代远距离教育》2013年第5期。

环境，进而保障在线教育质量。

一、国家层面保障

首先，在线教育融合了高度敏感的互联网和教育两大领域，在蓬勃发展的同时也乱象频发，这使在线教育质量无法得到有效保障。因此，对在线教育开展综合治理，进行有效规范刻不容缓。国家介入在线教育体系质量保障的一种重要手段和方式就是发布相关政策、制定质量标准和进行评估认定。国家能够直接引导和规范在线教育的发展方向、及时调整发展规模和发展速度，在线教育体系质量保障的整体政策由国家和政府进行领导与建设，整体政策不单指某一个方面的政策建设，也不是某个单一的政策，而是一个相互关联的整体政策体系，涵盖在线教育体系的各个方面。① 2018 年，国家市场监督管理总局、国家标准化管理委员会批准发布了《信息技术—学习、教育和培训—在线课程》国家标准，致力于对不同类型的在线课程开展建设以及评价，适用于需要开放共享和在不同平台间迁移的在线课程的设计、资源开发。另外，为了进一步推动我国在线开放课程建设与应用共享，提高高等教育教学质量，推动服务学习型社会建设，我国教育部每年都会开展精品在线开放课程认定工作，希望能打造一批品类更加全面、数量更加丰富、体系更加完善、受众面更加广泛的高质量精品慕课，以此全面代表中国慕课顶尖水平，促进社会教育效率、公平的双提升。

在经费支持这方面，有以下举措，第一，国家一直重视基础设施的建设，这是在线教育体系质量保障的基础，《国家中长期教育改革和发展规划纲要（2010—2020 年）》强调要"加快终端设施普及，推进数字化校园建设，实现多种方式接入互联网"。第二，国家同样重视在线教育质量评估标准的制定，如中国政府赞助中国电子学习技术标准化委员会制定的网络课程评估

① 孙绵涛、康翠萍：《教育机制理论的新诠释》，《教育研究》2006 年第 12 期。

规范。此外，国家拨款资助多项在线教育质量保障课题来推动在线教育质量提升。

二、地方层面保障

地方政府对在线教育体系质量保障管理是中央政府进行有效管理的重要前提条件。地方政府是在线教育的管理主体，由于这些管理主体在管理活动中处于主导地位，并且是在线教育体系管理活动的设计者和实施者，因此地方政府的理念、行为方式和管理水平将直接影响当地在线教育体系管理实践活动的属性和效能，这一主体必须具有在线教育思想观念，同时掌握在线教育发展规律和运作特点。此外，还应设置在线教育管理必要技能的一种管理团队。各个省份关于在线教育的主管部门及认证机构等，严格从专业角度出发，按照标准控制质量。将管理的结果进行上下双向反馈，以达到控制质量的目的。

因此，我国各地方政府作为执行人和领导人，直接领导当地的在线教育质量保障活动。首先，地方政府结合当地实际发布相关政策，制定在线教育发展计划以保障教育质量，政策内容包括加快基础设施建设、扩大优质资源供给、加强监管等。各省份注重强化在线教育基础设施建设，为在线教育提供稳定的网络速率，旨在进一步完善在线教育模式，丰富资源和服务，有效支撑开展在线教育的各项活动，进而保障在线教育质量。例如，福建省政府发布的《福建省新型基础设施建设三年行动计划（2020—2022 年）》，要求加快建设“5G+宽带”双千兆网络。河北省教育厅等十一部门也基于本省实际，重点提出 15 条措施促进在线教育健康发展。其次，我国各省级教育部门和高校纷纷制定在线开放课程建设和应用规划，并在学分认定、转换及相关配套机制建立等方面开始了积极探索与实践。早在 2007 年，上海终身教育学分银行正式成立运行。此外，江苏省、浙江省等省以及国家开放大学也成立了学分银行，开展学分认定的探索工作。

三、学校层面保障

学校内部主要从四个方面开展在线教育体系质量保障工作，即学校成立在线教育指挥中心、注重师资队伍建设、加强课程建设以及重视在线教育评估。首先，学校校长要牵头成立在线教育指挥中心。该中心负责学校在线教育相关工作的统筹规划，团队的成员一般由校长、管理人员和专家教师组成，制定学校在线教育开发的质量标准、协调和组织学校在线教育相关活动以及颁布在线教育相关的规章制度，包括学分认证制度、教师激励制度等。其次，在线教育的教职员工是在线教育的直接实施者，他们承担着在线教育体系中各方面的工作，他们既要使用先进的技术教学，同时也应该具备较高的专业素质，并且还为学习者提供支持服务，他们的能力和素质是在线教育体系质量的间接保障。① 因此，各个学校非常注重加强师资队伍建设，组织教师进行在线教育培训，激励优秀教师主持网络课程，保证授课质量。然后，课程建设作为极为重要的环节也是学校在线教育课程开发的重点内容。在线课程要根据科技、经济和社会发展的需要，结合网络教育的特点，科学制定并不断改进课程设置和教学内容。课程的开发要符合学校在线课程开发的质量标准，确保在线教育课程达到教学基本要求，要使用高质量的网络课件、资源库、试题库、教学平台、课件制作工具等开展教学。最后，评估是在线教育保障课程质量的重要手段，也是对教学成果、学习成果的验收。评价在线课程要判断教学效果、教学质量、教学内容、教学基础设备建设等方面的价值，以实现逐步增强教学质量、完善课程建设、提高课程教学等目的。② 定期评估这些程序对采取相应措施以提高其质量至关重要。

此外，跨区域、学校、学科的慕课联盟相继成立，弥补了由于地域和属性带

① 孔得伟、王以宁、张海：《我国远程教育质量保证体系建设策略思考》，《现代远程教育》2005 年第 1 期。

② 叶芸：《高校网络教学质量保障体系的构建研究》，《中国校外教育》2017 年第 9 期。

来的差异，平衡了不同高校的发展水平、教育资源配置上存在的失衡。课程共享联盟的建立能够促进各校优势互补、课程共享联盟的建立能够推进各高校优势互补，以强带弱、共同发展，让学生共享最优秀的师资、最优质的学习资源以及更良好的学习环境。基于此，浙江广播电视大学起草了《浙江省高等学校在线开放课程共享联盟章程（草案）》，并与浙江大学等高校发起成立了“浙江省高等学校在线开放课程共享联盟”，类似的在线开放课程联盟还有中国高校计算机教育慕课联盟、中国高校外语慕课平台（UMOOCs）等。

四、组织层面保障

在线教育组织包括在线教育的社会中介评估组织、科学院所、市场机构和社会组织等，各组织通过质量评估、调查研究和建立标准等进行质量保障。为了探讨互联网对教育教学质量的影响，尤其是在线教育对教学质量的影响，通过测评中小学生在线教育学习质量，探讨在线教育学习的影响因素及背后规律，重庆天正教育评估监测咨询服务中心（天正教育评价研究院）作为协同单位运用相关科学测评工具，2020 年 6 月完成了新视界智库（北京）教育咨询中心联合腾讯企鹅辅导发起的中小学生在线学习质量测评重庆等省市相关测评案例试点区域单位的测试工作。

关于在线教育质量保障标准，2018 年以来，澳大利亚联合 13 个经济体，依托亚太经合组织教育网络平台，实施了一项在线教育质量保障项目。该项目在亚太地区多个国家与地区开展调查研究的基础上，研制了“在线学习质量保障工具包”，并结合亚太成员的政策与实践，深入研讨、反复修订，最终定稿，为当下的在线教育质量保障提供了可供参考与借鉴的方法与策略。[①] “在线学习质量保障工具包”建立了一系列的标准与规程，为亚太成员开展在线教育提供了重要参考。随着社会需求的不断增长，在线教育在未来教育中将

① 徐匆匆、王婷婷、王燕：《如何保障在线教育的质量？——来自亚太经合组织“在线学习质量保障工具包”的方法与启示》，《世界教育信息》2020 年第 4 期。

扮演日益重要的角色。2020年,以“凝聚你我力量　规范在线教育”为主题的K12在线教育服务与评价标准研讨会在京召开。该研讨会由中国消费者报社、北京市消费者协会、天津市消费者协会、河北省消费者权益保护委员会共同主办,围绕提升在线教育服务标准化建设、维护消费者权益等问题进行了研讨。会上提出,在线教育企业必须要树立“诚心正意”的合规发展理念,通过行业协会以及相应第三方组织的协同治理,设立合理的行业标准、最佳行为守则等,引导在线教育规范发展。由于目前在线教育行业还没有一个标准,制定并完善在线教育的团体标准,将对在线教育行业发展起到积极的推动作用,有助于消费者权益保护,也有助于行业健康发展,最终参会的7家在线教育企业代表,共同签署了《K12在线教育行业自律公约》。

第三节　全民终身学习视野下国家在线教育体系质量保障的主要举措

在线教育质量保障已经成为各界关注重点,国家和地方政府、教育机构以及行业组织是参与在线教育体系质量保障的主体,经过不断地探索尝试,质量保障的主要措施聚焦以下几点:国家和地方政府的政策措施、教育机构的职业规范以及行业组织的技术标准。

一、国家和地方的政策措施

2014年年初,《国务院关于取消和下放一批行政审批项目的决定》取消利用互联网实施远程高等学历教育的教育网校审批,进一步增进了建立远程教育质量保证体系的迫切性。2017年1月,国务院印发了《国家教育事业发展“十三五”规划》,确定把“教育质量全面提升”作为一项主要发展目标,强调贯彻落实新发展理念,全面实现“十三五”时期教育改革发展目标,必须紧紧围绕全面提高教育质量这个主题,质量是在线教育的准绳,国家和地方政府发布了一系列政策来保障在线教育质量。总的来说,政策主要覆盖以下几个方面。

第一,在线教育监管。目前,市场上以营利为目的的在线教育平台通常会存在一些违反市场规则的现象。2018 年 8 月,《关于规范校外培训机构发展的意见》的颁布,意味着在线教育监管政策正式落地。自该意见发布以来,中国监管机构已发布了 5 项法规/规则(包括一项法规草案),旨在规范和指导中国在线教育的发展。其中,2019 年 7 月,教育部等六部委印发了《关于规范校外线上培训的实施意见》,对校外线上培训的监管作出了体系性规定,对校外线上培训的内容健康、时长适宜、师资合格、信息安全和经营规范方面是否合规内容做了重点排查,是在线教育领域最重要的政策文件之一。2019 年 8 月,国务院办公厅发布了《关于促进平台经济规范健康发展的指导意见》,该指导意见明确了在线教育的发展方向,并提出了三大策略,采用扩大优质资源供给、构建扶持政策体系、形成多元管理服务格局的三大发展策略,对新时代建立健全适应平台经济发展特点的新型监管机制提出了新的要求。①

第二,在线教育实施。首先,国家和地方政府一直重视强化新型基础设施建设,尤其是数字化基础设施建设,优化网络运行速率,保证了在线教育能够顺利运行,这对在线教育质量有直接的影响。这项工作从 2018 年中央工作会议开始,已经在多个国家重要会议上被提起,各地方政府的信息化政策中也多有提及,如《浙江省教育信息化三年行动计划(2018—2020 年)》《智慧江苏建设三年行动计划(2018—2020 年)》等。其次,在线教育实施标准也是政府的关注重点。教育部高等学校教学信息化与教学方法创新指导委员会发布了《高等学校慕课建设与应用指南》。此外,政府成立在线教育公共平台共享优质课程资源。此次疫情期间,教育部与工信、广电总局等有关部门密切合作,正式开通了国家中小学网络云平台和中国教育电视台空中课堂,为大规模在

---

① 张挺:《包容审慎视角下校外在线教育平台的法律监管》,《中国电化教育》2020 年第 2 期。

线教育提供了重要保障。

第三,在线教育质量评估。评估标准的制定一直是国家和地方政府探索的重点,早在 2002 年,中国政府就赞助中国电子学习技术标准化委员会制定网络课程评估规范,教育技术标准委员会正式发布了《教育信息化技术标准 CELTS-221——网络课程评价规范》,CELTS-221 规范描述了基于网络的课程质量特征并定义了相应的评估标准,为评估供应商、消费者和第三方组织提供不同的指导原则。

二、教育机构的职业规范

教育机构的职业规范指的是维持在线教育机构(包括学校和企业)进行正常教学活动的成文或不成文的规定或行为要求。通常,这类规定或行为是在线教育机构在长期的实践中探索出来的,成为大家共同承认并遵守的各项规定、制度和法律等。通俗地讲,就是在线教育机构应该遵守的做事准则和行业规则。本章简要阐述学校和校外教育机构的职业规范。

(一)学校在线教育职业规范

学校在线教育职业规范伴随教育改革不断更新、完善,尤其在高等教育领域,国家教育部逐步强化对高校的在线教育规范管理。2019 年,教育部就网络教育的发展问题发布《关于服务全民终身学习　促进现代远程教育试点高校网络教育高质量发展有关工作的通知》(以下简称《通知》),倡议高校规范成人网络教育服务,提高高端人才培养质量。通知要求,第一,规范招生,严把入口。招生方面,《通知》要求,合理确定招生规模,规范招生行为秩序,严格组织入学考试。严格按规定审查学生前置学历,不得以任何形式转移、下放招生录取的职责和权利,严禁通过个人、中介机构及培训机构代理招生和收费。第二,规范网络教育学生学习。高校应科学制订人才培养方案,规范教学组织、课程讲授、学习支持、实践教学、课程考核等教学管理环节。考试管理上,严格学习过程考核，不得组织“清考”。网络教育学习更加规范化、知识的输出力度加大、对学习的过程和成果要求更加严格。第三，网络教育毕业无差别服务。网络教育毕业也将逐步规范，毕业论文不再是“网抄综合体”。这也意味着学生必须重视日常学习与毕业工作，对于学习比较吃力的学生来说，校外学习中心的辅导也将越来越必不可少。

（二）校外在线教育职业规范

伴随在线教育的快速发展，校外在线教育机构应运而生，在为学习者提供丰富的教育资源、推进在线教育资源共享的同时，也出现了不少侵害消费者权益和扰乱教育市场秩序的现象。校外在线教育机构的职业规范主要源于国家的监管政策要求。从 2018 年开始，国家逐渐注重校外线上教育机构的监管。《关于规范校外线上培训的实施意见》是国家层面颁布的第一个专门针对校外线上培训活动的规范性文件。此外，除了政府规范引导教育机构职业规范的建立，在线教育机构自身也会产生约束行为，推动职业规范的形成，强化行业自律。例如，2020 年 9 月，以“凝聚你我力量　规范在线教育”为主题的 K12 在线教育服务与评价标准研讨会在京召开。会上，多家在线教育机构共同签署《K12 在线教育行业自律公约》，并围绕制定 K12 在线教育的团体标准展开研讨，该团体标准将围绕行业和消费者普遍关心的问题，从规范 K12 在线教育市场秩序、维护消费者权益等方面进行制定，会上充分研讨，并向社会公众征求意见。

三、行业组织的技术标准

行业组织的技术标准因为质量属于动态指标，当环境和时间出现变化，其也会发生改变，技术评价标准的目标也要进行适当调节，以提高目标的适应性和正确性。行业组织的技术标准化能够及时有效地将在线教育平台技术发展信息及时传播给潜在的利益相关者。这种传播创造了机会吸引新的人才投入工作,并且能够引起公众的广泛关注,激发行业成员作出相关努力提高水平。行业组织提高技术标准,并形成严格的标准化体系,各大在线教育平台拥有标准化教育技术。依据标准框架统一开发性标准学习资源与学习管理无缝系统。中国电子学习技术标准化委员会由中国信息技术标准委员会赞助,其目标是实现电子学习技术的互操作性和可重用性,以及用于管理教育服务的质量。它还负责制定用于内容交付平台和创作工具的测试软件。同时,根据信息技术标准化面临的新形势和新需求,修改和完善了《全国信息技术标准化技术委员会章程》。与此同时,依据《章程》适时制定了《全国信息技术标准化技术委员会下设机构管理细则》和《全国信息安全标准化技术委员会标准制修订工作程序》两项规章,为检测技术标准的各项工作有序开展奠定了坚实的基础。

2017 年,国际标准化组织 ISO/ECJTC1 SC36 发布了与在线教育相关的质量标准——ISO/IEC 40180《信息技术、学习教育和培训质量、基础和参考框架》(*In formation thechnology-Quality for learning, education and training-Fundamentals and refevence framenork*),为信息技术支持下的学习教育和培训提供了质量保证、质量管理、质量改进的基本原理与参考框架。① 进入 21 世纪"互联网+"时代,技术上使原先基于样本和证据的质量保障体系变成了涵盖所有相关方、全样本和源数据的体系,因此获得了更真实、详细的质量保障信息库,形成一个自我调整、自我完善、高度智能化的教育质量保障体系。② 另外,在完善在线教育体系质量保障的同时,国家寻找出属于自身的质量管理方式和方法。以国际统一的在线教育质量标准为基础,突出各个国家、各个院校自身在线教育质量管理的特点和优势。

---

① 姜同舟、王培勋、王晓涛:《ISO 21001〈教育组织管理体系——要求及指南〉工作进展及说明》,《质量与认证》2016 年第 11 期。

② 陈竹韵、陶宇:《"互联网+"时代澳大利亚职业教育质量保障体系研究》,《职教论坛》2017 年第 17 期。

第四节　终身学习视角下在线教育体系质量保障建设启示

在线教育体系质量保障的发展历史虽只有短短几十年,但其中值得借鉴的有效经验却很多。无论是国家还是政府都对在线教育体系质量保障给予了巨大的支持,从政策法规、技术标准的完善等,以及微观层面的各种保障等措施,都对在线教育体系质量保障未来发展有重要启示作用。

一、强化政策法规的规范作用

在线教育所涉及的对象是多样的,教育主体的多样性决定了教育政策法规的多样性。在线教育体系的政策法规体系是在线教育体系质量改革与发展所需要的最基本、最关键的保障。国家建立一套完善、科学的在线教育政策法规体系有利于解决政出多门、政策法规不配套的问题,有利于促进在线教育与中国各类教育协调发展。

教育政策法规具有一定的层级性,包括全国性教育政策法规、地方教育政策法规,还有教育机构的教育政策法规。通过层层递进的法规政策强化和完善其规范作用。另外,为了保障政策法规的实用性,每一项政策法规都要经历一段长期的酝酿过程,不应该随便地引进某种政策法规,也不应该未经仔细考察就随意放弃。除此之外,国外远程高等教育政策法规体系有其特殊的结构与范畴,尤其在美国,其政策法规体系的层级、范畴、政策法规决策程序以及它们相互之间的关系,有许多值得我们借鉴的地方。但是,由于国情不同,应结合自身国情及在线教育体系的特点进行借鉴完善,建立中国在线教育体系需要的政策法规体系。

二、完善技术标准的指导作用

2017 年 9 月,党中央、国务院发布了《关于开展质量提升行动的指导意见》,提出以改革创新、技术创新为根本途径,用先进技术标准引领产品、工程和服务质量提升。信息技术的运用能够有效推动高校课堂教学改革,优化教学模式,活化教学方式,提升教学质量。对在线教育来说,技术是基础,标准是保障,两者不可或缺。技术与标准投入要双管齐下。技术标准的指导能够引领在线教育平台更好地构建,只有学习者有了良好的学习体验,才能提高学习效果。

国家积极鼓励在线教育新技术的研究和试验,将新技术整合到学习和管理服务中,制定统一的技术标准为在线教育平台建设提供引领的方向,同时也用统一的技术标准检测各大在线教育平台的质量。各在线教育平台在符合国家技术标准的前提下,制订符合自身发展的技术规划、技术标准和管理规定,明确当前和未来的技术需求,管理、购买、维护和更新平台的技术系统和设施。平台给予教学者技术支持和培训,确保教师获得培训、帮助和支持,使教师掌握课程开发和有效教学所需要的各种技术。

三、注重师资队伍的培训工作

相对于在线教育而言,传统的教师角色定位正在逐步弱化,对于教师的角色定位和能力都有了更高的要求。① 高素质的教师是在线教育质量的保证,因此在线教育平台首先应选聘适合网络教育特质的教师,严格要求教师掌握熟练的远程教学技术,重视教师专业化成长,对教师实施远程教学提供技术上的指导和帮助,使教师尽快能够掌握远程教学的最新方法和技术,必须想方设法地挖掘优质师资、提升教师兴趣和投入,保证教师高质量成长。②

其次,教师自身努力学习现代教育技术、网络技术、多媒体技术技能。对在线教育广泛的学习对象加深关注了解,对在线教育基本规律进行学习研究。

---

① 张青:《教师的权威者角色在网络教育中的变化及其社会学原因》,《湖南师范大学教育科学学报》2010 年第 5 期。

② 吴晓波:《现代远程教育质量保证体系》,湖南大学出版社 2010 年版,第 79、83 页。

学校也要高度重视在线教育体系教师队伍建设,加大对学校的管理人员和教师的信息素养、大数据思维、信息技术水平和教育教学理念的培训,充分发挥师资管理部门和教师能力发展中心的作用,准备好在教学时间内随时为教师提供在线教学答疑。

最后,政府建立职能部门教学质量保障工作评价制度,明确学校各级教学质量管理人员岗位工作职责,完善激励和培训辅导机制,激发教学质量管理人员的积极性。国家、社会、学校要积极创造条件,对正在从事和准备从事网络教育的教师进行理念和技术的持续培训,使教师充分理解熟练掌握网络教育的特质和技能。要对教师教学工作过程和工作质量加强检查考核,建立相应的约束和奖励制度,形成有效激励机制,促进教师创造性地工作。①

四、推进考评机制的持续开展

考评机制所给予的反馈信息是在线教育体系得到质量保障的重要体现。在线教育体系建立各个类型的考评机制,定期收集和分析教学人员、学习者、反馈意见,使用反馈结果支持在线教育体系进行完善,提升质量保障。②

考评标准多维化,结合在线教育的特点制定质量评价指标,从多个维度对教学过程进行全面监控,重视质量监控信息的及时反馈,进行重点监控、跟踪督促,确保持续改进。考评人员多元化,充分发挥全员参与、内外结合、多方联动、持续改进的质量保障体系优势。考评方法多样化,普遍开展问卷调查、教学评价、实地调研及视频座谈会等多种形式的质量考评方式,综合运用多种方法和手段,全面保障在线教育体系质量。各考评组织不定期召开在线教育质量研讨会,对在线教育的总体实施情况和教师教学质量、课程建设质量等监控

① 曹中一、王红霞、朱颖:《论网络教育质量全域管理:战略择定与系统构建》,《中南大学学报(社会科学版)》2015 年第 8 期。

② 程新奎、王国清:《远程教育质量保障的国际经验:一个综合性框架——五个代表性质量保障框架的分析与综合》,《成人教育》2019 年第 2 期。

情况进行总结分析。高校可通过调查问卷开展多元评价，利用信息技术发布每周公告推送，实现“即评即改”的闭环效应。

在线教育体系从多个维度致力于在线教育体系的质量保障、致力于质量的持续改善，以此提高国家在线教育体系质量整体性发展，促进我国教育体制改革进程。①

① 张宏、方健华：《职业院校专业教师企业实践效果评价与质量保障机制研究》，《中国职业技术教育》2016年第2期。

第七章　全民终身学习视野下我国在线教育体系的调查研究：基于教学者的视角

目前，各界普遍认为 2013 年是“中国在线教育元年”，经过了数年的发展以及各种突发情况对在线教育的考验，我国的在线教育体系已经完成了由萌发到初步建立的过程，许多原本游离于教育范畴之外的互联网企业也开始进军教育行业，并且出现了与传统线下教育机构分庭抗礼的趋势。作为在线教育的教学者，只有实时掌握在线教育发展动态，明晰其发展趋势，才能更好地结合自身情况，紧跟时代潮流来开展工作。

第一节　中国在线教育研究现状

国内学者对在线教育的研究从不同的角度切入进行探讨，部分学者从教师所扮演的不同角色的视角出发，尝试构建我国在线教育体系。赵晓伟、沈书生（2019）意识到现有的在线教育中过于关注教师整合技术的学科教学知识（Technological Pedagogical Cortent Knowleolge，TPACK）的结构性，忽视了知能之间的关联性和层次性，从在线教育的教师整合技术的学科教学知识知能体系的形成与发展需求出发，构建整合技术的学科教学知识塔式认知层次模型，并结合在线教育的实践需求，对教师专业知识体系的塑造路径与具体方式等进行剖析，以期为在线教师知能体系的重塑提供参考；[①]陈耀华、郑勤华等（2016）从教师的在线教育学习支持服务提供者的角色出发，从促进度、投入度、联通度、认可度和调控度五个维度构建了辅导教师综合评价参考模型。在此基础上，通过设计的理论模型和分析计算方法，综合设计开发了相应工具，在网络教育机构中予以实际应用，证明了其构建的 T-SERI（Teacher-Systematically Evalnation Referene Indicator）模型的科学性和可行性；[②]魏顺平（2014）通过访谈了解管理者的需求，并置身于管理者的角色探寻学习分析技术的应用模式和方法，提出了“在线教学绩效评估”的概念，并构建了管理者视角下的在线教学绩效评估模式。[③]

另一方面，部分学者着重探讨教师行为与学习效果的关联。陈雷（2018）以浙江省教师慕课培训平台中的课程为例，从资源使用率、搜索词关联度解析、互动板块相关性三个维度对在线教育平台的日志和学员行为数据进行挖掘分析，研究并解析学员群体在线学习特性和学习态势的影响机制[④]；彭海蕾（2018）通过对某在线课程 200 余名学生及 6 位教师行为实证分析发现，教师的反馈速度、反馈程度会影响学生的学习参与及学习效果，年龄大的学生更易受到教师影响。研究发现，教师与学生在学习之初的磨合阶段，其正相关度会逐步增大，此后进入正相关度稳定期，通过增加对在线教师投入辅导时间的考量，加强对在线教师行为的引导与评价，对学生学习效果的影响会更好。[⑤]

---

① 赵晓伟、沈书生：《在线教育中教师 TPACK 塔式认知层次构建策略》，《现代远距离教育》2019 年第 3 期。

② 陈耀华、郑勤华、孙洪涛、陈丽：《基于学习分析的在线学习测评建模与应用——教师综合评价参考模型研究》，《电化教育研究》2016 年第 10 期。

③ 魏顺平：《在线教育管理者视角下的学习分析——在线教学绩效评估模式构建与应用》，《现代教育技术》2014 年第 9 期。

④ 陈雷：《在线教育中教师学习行为态势的影响机制实证研究》，《中国远程教育》2018 年第 10 期。

⑤ 彭海蕾：《在线教育教师行为与学生学习效果关联度研究》，《西北师大学报（社会科学版）》2018 年第 4 期。

再者,有数据库领域的学者对在线教育进行跨领域研究。陈池(2014)等人明确了在线教育平台中大数据的基本概念、分类及特点,其次将数据挖掘技术、学习分析技术和知识图谱等技术迁移到在线教育领域,然后着手构建面向在线教育领域的大数据模型,最后按照服务对象的分类重点描述有关大数据的功能,勾勒出未来在线教育平台上大数据应用的基本轮廓,为之后在线教育领域大数据的研发起到指导性作用。陈池等站在学习者、教学者和决策者的视角,详细描述了在线教育平台中利用大数据已经实现的和可能实现的功能,第一,面向学生的智能化功能:基于知识图谱的学习、个性化课程服务、结合知识点的字幕定位、智能化习题训练、基于论坛数据的智能化服务;第二,面向教师的智能化功能:智能化备课和综合自动评教;第三,面向决策者的智能化功能:平台数据可视化和系统优化统计分析。这虽然为在线教育领域大数据的研究提供了思路,但对于功能、模型库和算法库的详细实现还有待进一步的探究。①

综上所述,国内学者对在线教育的研究已形成一定规模,并且呈现出思辨研究和实证研究共同发展的态势,既有对在线学习中教师知能体系、教师综合评价参考模型和在线教学绩效评估体系的构建,有对教师行为对学习效果的影响研究,也有对在线教育大数据的挖掘分析。与此同时,国内学者主要从在线平台的管理者、学习支持服务提供者的视角开展研究,研究对象一般为在校中小学和高校教师。目前来看,从纯粹的教学者视角出发的研究较少,研究对象尚不够全面。因此,本章从教学者的视角出发,调查全民终身学习视野下的我国在线教育体系,具有一定的研究价值,希冀为我国在线教育的教学者提供一些针对性建议,为我国在线教育体系的建成添砖加瓦。

---

① 陈池、王宇鹏、李超、张勇、邢春晓:《面向在线教育领域的大数据研究及应用》,《计算机研究与发展》2014 年第 1 期。

第二节　研究设计与研究过程

一、理论基础与量表设计

本书使用的质量评估模型为斯塔弗尔比姆(Stuffiebeam)的 CIPP 框架,即背景评估(Context Evaluation)、输入评估(Input Evaluation)、过程评估(Process Evaluation)、成果评估(Product Evaluation)。[①] CIPP 模式是由美国著名教育评价专家斯塔弗尔比姆于 20 世纪六七十年代提出的,主要目的是建立一种超越目标模式的新的评价模式。这种模式应能提供整体的、全面的信息,以帮助方案目标的确定、研究计划的修订、方案的实施以及方案实施结果的考核。因此,根据在线教育的特征和发展现状,本书从教学者的视角重新设计了评估框架,将现有的质量评估模型的主要理论概念细化为七个符合在线教学特征的考量维度,即教学者质量、师资水平、资源建设、教学过程、监管过程、教学满意度、教学评价(见表 7-1)。

表 7-1　评价指标体系

理论概念	评估维度	测量指标	具体量表
背景评估	教学者质量	教学者职业	在校教师、网校教师、培训机构教师、其他
		教学者背景	性别、年龄、学历
输入评估	师资水平	教学内容	内容是否更新,是否有案例分析,教授课程是什么,态度如何
		教学方式	是否注重师生互动、小组学习,或者无互动
	资源建设	平台选择	爱课程、中国大学慕课、钉钉、QQ、课堂派或者多平台结合
		资源获取	慕课、小规模限制性在线课程、微课、视频、文字或多者结合

① Stuffiebeam D.L.,"The Relevance of the CIPP Evaluation Model for Educational Accountability", *Journal of Research & Development in Education*,1971,pp.1-30.

续表

理论概念	评估维度	测量指标	具体量表
过程评估	教学过程	教学形式	翻转课堂、Webquest、传统形式、文字交流或多者结合
	监管过程	监管效果	监管效果如何，与传统授课效果相比如何
		监管方式	签到、语音、视频、打卡
成果评估	教学满意度	教师满意度	与传统授课形式相比效果怎样
		课程满意度	对在线教学课程资源是否满意，如果不满意，有哪些可以改进
	教学评价	诊断性评价	开始学习前，在线教学如何判断学生的初始水平
		过程性评价	学习过程中，通过什么形式判断学生学习情况
		总结性评价	学习结束后，如何判断学习效果

二、数据收集

本章研究对象为广义的教学者，而非狭义的在校教师，凡是有在线教学经历的各行各业人员，都列入本次研究的调查对象。本次问卷使用问卷星编制，调查对象通过 QQ、微信、网页等平台进行问卷填写。在大规模发放之前，先分别选择了在校教师、网校教师各两名进行预填写，根据反馈改进问卷的结构和细节，保证问卷的科学性和逻辑性。问卷发放时间为 2 天，剔除无效问卷后，共得到 99 份有效问卷。问卷内容分为调查对象的基本属性、在线教学过程调查、在线教学成效调查三部分。

三、研究过程

（一）样本背景分析

教学者是在线教育中教育活动的主要承担者，本书将教学者背景细化为性别、年龄、职业、学历四个维度，对在线教育中教学者背景做频数分析后，得到表 7-2。

表 7-2　样本背景分析

问题	选项	频数	百分比(%)
性别	男	32	32. 32
	女	67	67. 68
年龄(岁)	18—25	45	45. 45
	26—30	30	30. 30
	31—40	18	18. 18
	41—50	4	4. 04
	51—60	2	2. 02
职业	在校教师	44	44. 44
	网校教师	25	25. 25
	培训机构教师	19	19. 19
	其他	11	11. 11
学历	专科	1	1. 01
	本科	63	63. 64
	硕士研究生	30	30. 30
	博士研究生	5	5. 05

从表 7-2 中可以看出，第一，样本中男性占比为 32. 32%，女性占比为 67. 68%，但由于样本量过小，此项不能代表我国在线教育教学者男女比例；第二，样本年龄主要集中在 18—40 岁，总占比为 93. 93%，表明在线教育的主力军是中青年教师；第三，样本中在校教师占比为 44. 44%、网校教师占比为 25. 25%、培训机构教师占比为 19. 19%，说明各类一线教师仍然是在线教育的主要实施者，在线教学的主要教学对象仍然是在校学生；第四，样本的学历主要集中在本科和硕士研究生，占比分别为 63. 64%、30. 30%，表明我国在线教育教学者整体具有良好的文化背景。

(二)样本特征分析

样本的基本背景可以让我们大致了解样本的年龄、学历等分布,除了对样本的基本背景作出分析,还对样本的行为特征进行了频数分析(见表7-3),目的在于更进一步了解教学者在在线教学过程中的行为倾向,进而为后续的描述性统计和相关分析提供科学、可靠的依据。主要从所教授的课程类别、教学平台、教学资源和教学监管几个方面着手分析。

表7-3 样本特征分析

问题	选项	频数	百分比(%)
课程类别	文科	53	53. 54
	理科	28	28. 28
	工科	4	4. 04
	商科	1	1. 01
	医科	4	4. 04
	政法科	1	1. 01
	其他	8	8. 08
平台选择	钉钉	18	18. 18
	QQ	29	29. 29
	腾讯会议	20	20. 2
	课堂派	5	5. 05
	雨课堂	1	1. 01
	超星学习通	6	6. 06
	学校自建系统	26	26. 26
	其他	28	28. 28

续表

问题	选项	频数	百分比(%)
教学资源	慕课	31	31. 31
	小规模限制性在线课程	8	8. 08
	微课视频	45	45. 45
	文字、文本	73	73. 74
	传统教材	50	50. 51
	其他	23	23. 23
教学形式	翻转课堂	19	19. 19
	Webquest	6	6. 06
	传统在线授课	64	64. 65
	文字交流	38	38. 38
	提问	53	53. 54
	分组教学	25	25. 25
	其他形式	16	16. 16
监管形式	平台点名	64	64. 65
	课堂派签到	29	29. 29
	钉钉打卡	12	12. 12
	不采取监管	4	4. 04
	视频或语音提问	45	45. 45
	其他	18	18. 18

首先是教学者所教授的课程类别,从表 7-3 中可以看出,文理科占据了绝对优势,占比共达到 81. 82%。其他学科类别均有所涉及,初步体现出在线教育所涉及学科门类广泛,客观上在线教育的优势可以依据学科特征得到充分的发挥,主观上各学科教师都会采用在线教学的形式,让教学绩效最大化提升。

其次是教学平台的选择,大多数教学者会采用多平台配合教学的形式,目前来看,钉钉、QQ、腾讯会议、学校自建系统是教学者主要选择的教学平台。

通过仔细分析频数，可以发现高校教师倾向于使用钉钉和腾讯会议，机构教师大多采用机构自建系统或网络直播平台，QQ 平台则是被所有类型的教学者广泛采用。

再次是教学资源的选择，慕课、微课视频、文本教材、传统教材是教学者主要选择的教学资源，部分机构教师和网校教师同时使用内部资料作为教学资源，大多是使用各种类型的教学资源互相配合、取长补短，以取得最优的教学效果；然后是在线教育的开展形式，64.65%的教学者倾向于使用传统在线授课的形式，辅以文字交流、提问等师生交互环节，主动选择翻转课堂、网络主题探究等新型教学形式的教学者占比较低，表明新型教学形式还未被广泛接受并普及，另外，许多教学者对在线教育的平台和使用方式还较为陌生，为了确保教学流程能顺利完成，放弃了原本在线下教学使用到的新型教学方式，转而较为保守地选择了传统在线教学形式；最后是在线教育中的监管环节，不同于线下授课，大部分的在线教育教学者会采取不同形式的监管手段，利用在线教育平台自带的点名系统进行点名是最常见的方式，部分教师采用钉钉、课堂派等软件进行签到打卡，在授课过程中对学习者进行视频或语音提问也是监管形式的一种，占比达到 45.45%。

（三）信效度分析

为了确定问卷数据的可靠性和研究流程的科学性，需要进行问卷的信度和效度分析。经过分析，本书的信度系数 α 值为 0.933，大于 0.8，说明本章的数据具有很高的信度和参考价值，研究数据和结果可靠，可以作为参考。

然后对问卷数据进行效度分析，验证测验分数与测量特征的一致性程度。利用 SPSS 22.0 对量表题进行降维处理，得到表 7-4，从中我们可以看到 KMO 值为 0.899，大于 0.8，并且 Sig.值小于 0.05，意味着本书效度非常高，可以继续开展后续对数据的各项分析处理。

表 7-4　效度分析

KMO 和巴特利特检验		
KMO 取样适切性量数		0.899
Bartlett 的球形度检验	上次读取的卡方	1567.112
	自由度	0.190
	显著性	0.000

(四)描述性分析

描述性分析是用于研究定量数据的整体情况、整体平均得分情况如何等,可以用具体翔实的语言描述出数据背后蕴含的特征。利用 SPSS 软件对结果进行描述性分析,借助 Excel 软件生成各回答项的平均分,得出了图 7-1 的平均值对比。

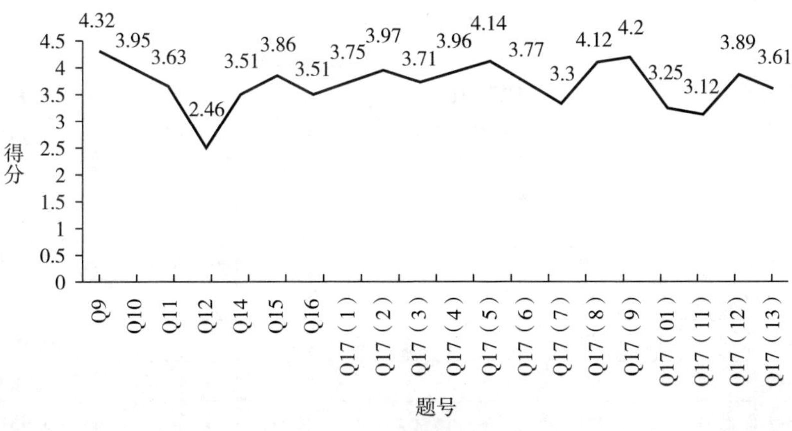

图 7-1　平均值对比

由图 7-1 可知,Q9 的平均值最高,达 4.32,表明在线教育中教学者对自身的教学态度都较满意,这得益于大规模开展在线教育给教学者带来的危机感和紧迫感,倒逼教学者进行符合在线教育特点的教学设计和教学模式,所以教学者对自身的教学态度都较满意;Q12 的平均值最低,只有 2.46,说明教学者在线教育中分组教学的效果不太满意,这是因为在线教育难以模拟出一个虚拟的教学环境,供学习者进行分组教学,大部分教学形式通过一个平台实现,学生分组的交流难以实现,随着虚拟现实技术的发展,相信在线的分组教学在未来可以和线下分组教学取得同样的效果。此外,Q17(5)、Q17(8)、Q17(9)这几项的平均值都达到了4以上,表明教学者对在线教育中的学生自主思考和总结性评价较为重视。其余项均小于4,说明教学者对这几项的态度为"一般"。总体来看,教学者对在线教育各项环节的满意度处于"一般"到"满意"之间。

本章节从问卷中选取能体现教学者在在线教育各环节满意度的问题,包括课程资源、师生互动、小组学习、资源更新速度、教学评价等,利用SPSS 22.0的描述性分析进行数据处理,得到表7-5,试图从各个在线教育环节的描述性分析总结出教学者对其的一般性态度。

表7-5 描述性分析

变量名称	样本	最小值(M)	最大值(X)	平均值(E)	标准差
教学者态度	99	3	5	4.32	0.793
资源更新情况	99	1	5	3.95	0.919
师生互动	99	1	5	3.63	1.026
小组学习	99	-2	5	2.46	2.704
监管效果	99	1	5	3.51	0.994
课程资源	99	2	5	3.86	0.769
在线教学	99	1	5	3.51	0.983
调查已有水平	99	1	5	3.75	0.951
确定教学起点	99	1	5	3.97	0.839
设计教学方案	99	1	5	3.71	1.052
设计导学单	99	2	5	3.96	0.844
课堂提问	99	2	5	4.14	0.756
组织讨论	99	2	5	3.77	0.867
教学气氛	99	1	5	3.3	1.199
布置课后作业	99	2	5	4.12	0.824
认真批改作业	99	2	5	4.2	0.742

续表

变量名称	样本	最小值(M)	最大值(X)	平均值(E)	标准差
作业完成情况	99	1	5	3.25	1.1
作业质量	99	1	5	3.12	1.189
组织考试	99	1	5	3.89	0.832
学生成绩	99	1	5	3.61	1.058

(五)相关性分析

典型相关分析是研究两组变量间整体线性相关关系的多元统计方法,它借助于主成分分析的思想,对每一组变量分别寻找线性组合。①

为了研究不同变量对教学者在线教育各环节满意度的影响,本章节采用相关性分析揭示不同变量之间的线性关系,并根据这种关系梳理出当前在线教育各环节的内在联系和不足之处,最后给出改进建议。

表 7-6 教学资源相关性分析

教学资源	相关性	在线教学效果满意度	教学者态度	更新情况满意度	课程资源满意度
小规模限制性在线课程	皮尔逊相关性	0.264**	0.113	0.138	0.152
	显著性(双尾)	0.008	0.264	0.173	0.134
	样本量	99	99	99	99
传统教材	皮尔逊相关性	0.015	-0.235*	-0.099	0.028
	显著性(双尾)	0.879	0.019	0.33	0.781
	样本量	99	99	99	99
其他	皮尔逊相关性	0.107	0.229*	0.109	0.227*
	显著性(双尾)	0.291	0.022	0.283	0.024
	样本量	99	99	99	99

注:* 代表 $p<0.05$,** 代表 $p<0.01$。

① 陈敏琼:《典型相关分析与 Fisher 判别法关系探讨》,《统计与决策》2013 年第 2 期。

从表7-6中可以得到一些结论。在资源选择层面，第一，选择小规模限制性在线课程(Small Private Online Course，SPOC)作为教学资源与在线教学效果满意度之间的显著性值为0.008，小于0.01，且偏相关系数值为0.264。表明小规模限制性在线课程作为教学资源与在线教学效果满意度之间存在显著的正相关性。这与小规模限制性在线课程的特性分不开，小规模限制性在线课程是与大规模开放性在线课程相对应的概念。在线教育中选择小规模限制性在线课程作为教学资源的教学者较少，但由于小规模限制性在线课程需要学习者达成准入条件才可以申请，成功申请者中也只有一部分(Small)可以获得核心课程资源，相对较高的门槛保证了课程的私密性(Private)，学习者具有更高的责任感和获得优质资源的紧迫感，有利于激发学习动机，提高完课率，增强了“用户黏性”，所以选择使用小规模限制性在线课程的教学者普遍对在线教育效果满意度较高。

第二，使用传统教材作为教学资源与教学者态度之间的显著性值为0.019，小于0.05，r值为-0.235，表明传统教材教学资源与教学者授课态度之间存在负相关性。传统教材是教学者进行线下授课时常用的教学资源，教学者对其熟悉度较高，容易在惯性思维下照搬到在线教学，导致在线教学授课态度较差。

第三，选择其他课程资源与授课态度和课程资源满意度之间的显著性值分别为0.022、0.024，都小于0.05，且r值分别为0.229、0.227。表明所选择的课程资源与教学者授课态度、课程资源满意度之间存在正相关。通过对答卷的分析，教学者采用的其他课程资源主要是网校和辅导机构的内部资料，与小规模限制性在线课程类似，这些资料具有高度的私密性和准入门槛，保证了学习者和教学者在进行教学活动时的紧迫感和责任感，提升了教学者的授课态度和课程资源满意度。

表 7-7　教学形式相关性分析

教学形式	相关性	在线教学效果满意度	教学者态度	师生互动满意度	小组学习满意度
翻转课堂	皮尔逊相关性	0.220*	0.093	0.178	0.230*
	显著性(双尾)	0.028	0.36	0.077	0.022
	样本量	99	99	99	99
传统形式	皮尔逊相关性	-0.223*	-0.045	-0.229*	-0.249*
	显著性(双尾)	0.027	0.657	0.022	0.013
	样本量	99	99	99	99
其他	皮尔逊相关性	0.250*	0.203*	0.349**	0.281**
	显著性(双尾)	0.013	0.044	0	0.005
	样本量	99	99	99	99

注:* 代表 $p<0.05$,** 代表 $p<0.01$。

从表 7-7 可以看出一些特点。在教学形式层面,第一,翻转课堂与在线教学效果满意度、小组学习满意度之间的显著性值分别为 0.028、0.022,皆小于 0.05,偏相关性值分别为 0.22、0.23,表明翻转课堂与在线教学满意度、小组学习满意度之间存在正相关性。教学者将翻转课堂应用于在线教学时,往往会让学生预先完成导学单,对学生已有水平作出评估,随后确定教学起点;在课堂上教学者引导和帮助学生开展自主探究或者小讨论,完成对知识的内化过程。① 翻转课堂应用于在线教学中,借助于在线教育平台便捷多样的功能,充分发挥小组讨论的优势,提高了学习绩效,从而提升了在线教学满意度和小组学习满意度。

第二,传统在线授课形式与在线教学效果满意度、师生互动满意度、小组教学满意度之间的显著性值分别为 0.027、0.022、0.013,r 值分别为-0.223、

---

① 祝智庭、雷云鹤:《翻转课堂 2.0:走向创造驱动的智慧学习》,《电化教育研究》2016 年第 3 期。

-0.229、-0.249。说明传统在线授课形式与在线教学效果满意度、师生互动满意度和小组学习满意度之间呈现负相关性。传统在线授课形式是以教为主的教学形式，教学者是知识的传递者，课堂师生互动较少，也很少会采用小组教学的形式，从而导致了师生互动、小组教学和在线教学满意度不高。

第三，其他教学形式与在线教学、教学者态度、师生互动、小组教学满意度之间的 Sig. 值分别为 0.013、0.044、0、0.005，小于 0.05，r 值分别为 0.250、0.203、0.349、0.281，表明它们之间存在正相关性。根据答卷的分析，其他教学形式主要指各大网校通过自建的直播端进行直播教学，网校教学者与其学习者关系较密切，主要采取以学为主的教学形式，且自建教学平台功能完善、网络流畅，利于小组教学和师生互动的展开，所以四项满意度水平较高。

表 7-8　监管形式相关性分析

监管形式	相关性	在线教学效果满意度	教学者态度	监管效果满意度
课堂派签到	皮尔逊相关性	0.235*	0.13	0.188
	显著性（双尾）	0.019	0.199	0.063
	样本量	99	99	99
不采取监管	皮尔逊相关性	-0.158	-0.279**	-0.261**
	显著性（双尾）	0.117	0.005	0.009
	样本量	99	99	99
其他	皮尔逊相关性	0.185	0.205*	0.077
	显著性（双尾）	0.067	0.042	0.448
	样本量	99	99	99

注：* 代表 $p<0.05$，** 代表 $p<0.01$。

从表 7-8 可以看出教学监管层面的一些特征。首先,使用课堂派签到进行监管与在线教学满意度之间的显著性值为 0. 019,小于 0. 05,r 值为 0. 235,说明两者之间存在正相关性,采用课堂派签到的教学者对在线教学满意度较高。

其次,不采取监管与教学者态度、监管效果满意度之间的 Sig. 值分别为 0. 005、0. 009,都小于 0. 01,偏相关性值分别为-0. 279、-0. 261,充分说明了它们之间显著的负相关性,在线教学中教学者和学习者异地,部分时候甚至处于异步状态,教学监管效果相对于传统线下授课较差,不采取任何监管形式的教学者,在教学者态度和监管效果满意度这两项指标上要明显低于采取监管形式的教学者。

最后,其他监管形式与教学者态度之间的 Sig. 值为 0. 042,小于 0. 05,r 值为 0. 205,两者之间存在正相关性,通过对答卷的分析,发现其他监管形式主要是家长配合、笔记抽查、屏幕互动等形式。总的来说,采取这些措施的教学者对自己的教学态度评价较好。

表 7-9　教学评价相关性分析

教学评价	相关性	在线教学效果满意度
调查已有水平	皮尔逊相关性	0. 629**
	显著性(双尾)	0
	样本量	99
确定教学起点	皮尔逊相关性	0. 514**
	显著性(双尾)	0
	样本量	99
单独设计教学方案	皮尔逊相关性	0. 588**
	显著性(双尾)	0
	样本量	99

续表

教学评价	相关性	在线教学效果满意度
设计导学单或布置任务	皮尔逊相关性	0.504**
	显著性(双尾)	0
	样本量	99
课堂思考	皮尔逊相关性	0.521**
	显著性(双尾)	0
	样本量	99
组织讨论	皮尔逊相关性	0.582**
	显著性(双尾)	0
	样本量	99
线上线下气氛一样好	皮尔逊相关性	0.665**
	显著性(双尾)	0
	样本量	99
布置作业	皮尔逊相关性	0.440**
	显著性(双尾)	0
	样本量	99
认真批改作业	皮尔逊相关性	0.460**
	显著性(双尾)	0
	样本量	99
独立完成不抄袭	皮尔逊相关性	0.673**
	显著性(双尾)	0
	样本量	99
线上作业质量与线下相同	皮尔逊相关性	0.680**
	显著性(双尾)	0
	样本量	99

续表

教学评价	相关性	在线教学效果满意度
组织在线考试或测验	皮尔逊相关性	0.481**
	显著性(双尾)	0
	样本量	99
学生成绩有所提高	皮尔逊相关性	0.723**
	显著性(双尾)	0
	样本量	99

注:* 代表 $p<0.05$,** 代表 $p<0.01$。

从表 7-9 可以得出一些启示。在教学评价层面,课前的诊断性评价、课上的形成性评价和课后的总结性评价与在线教学满意度之间的 Sig.值都为 0,小于 0.01,r 值全部大于 0.4,表现出较强的相关性。表明在在线教学中,教学者都非常重视教学评价环节,且都认为教学评价与学生学习效果、学习成绩直接相关,重视教学评价的教学者对在线教学的满意度较高。

四、研究结果

(一)教学者背景多元化,以一线教师为主

通过对样本的背景进行分析,发现作为在线教学中教学活动主要承担者的教学者的背景呈现多元态势。

从年龄层面来看,18—40 岁的中青年教师是在线教育的教师主力军,40 岁以上的经验丰富的教师也占一定比例,既保证了在线教育的质量,也为在线教育的可持续发展不断贡献新生力量;从职业层面来看,在校教师占据了在线教育的半壁江山,网校教师和培训机构教师紧随其后,一线教师仍然是在线教育的主要实施者;从教学者学历层面来看,在线教育的教学者学历以本科和硕士研究生为主,部分教学者达到了博士研究生学历。总的来说,目前我国在线

教育体系中教学者背景呈现多元化态势，但在一段时间内仍然以一线教师为主，研究人员和其他职业教学者的比例会在未来上升。随着我国高等教育的逐渐普及，教学者的学历层次也会有进一步的提高。

（二）在线教学形式多样，新型教学模式较少

经过对问卷中样本特征问题的答卷分析，可以看出教学者在进行在线教育时采取了多样化的教学形式，但是对部分新型教学模式的探索还有所欠缺。

首先是课程类别多样，文理科以 81.82% 占据了绝对优势，其他学科类别均有所涉及，体现出在线教育所涉及学科门类的广泛性。

其次是教学平台多样，一般在进行在线教学活动时，受制于网络延迟和平台功能，大多数教学者会采用多平台配合教学的形式。

再次是教学资源多样，慕课、微课视频、文本教材、传统教材是教学者主要选择的教学资源，部分机构教师和网校教师同时使用内部资料作为教学资源；然后是在线教育开展形式多样，以传统在线授课为主，辅以文字交流、提问等师生交互环节。

最后是在线教育中的监管形式多样，不同于线下授课，大部分的在线教育教学者会采取不同形式的监管手段，利用在线教育平台自带的点名系统进行点名是最常见的方式，部分教师采用钉钉、课堂派等软件进行签到打卡，在授课过程中对学习者进行视频或语音提问也是监管形式的一种，占比达到 45.45%。

但是，主动选择翻转课堂、网络主题探究等新型教学形式的教学者占比较低，表明新型教学形式还未被广泛接受并普及。未来开展在线教育时，要注重将传统教学中开发出的新型教学模式，根据在线教育的特点加以完善，积极应用于在线教育中。

（三）在线教学整体满意度较好，部分环节有待提升

将问卷数据导入 SPSS 22.0 进行分析后，得到了教学者对在线教育各环

节的满意度和各环节之间相关性关系。

首先,在线教育教学资源层面,教学者对教育资源更新情况和课程资源的满意度均在 3.8 以上,教学者对在线教育的教学资源整体情况较为满意。第一,小规模限制性在线课程作为教学资源与在线教学效果满意度之间存在显著的正相关性;第二,传统教材教学资源与教学者授课态度之间存在负相关性,教学者对其熟悉度较高,容易在惯性思维下照搬到在线教学,导致在线教学授课态度较差;第三,网校和辅导机构的内部资料与教学者授课态度、课程资源满意度之间存在正相关性,这与资料的高度私密性和准入门槛有关,保证了学习者和教学者在进行教学活动时的紧迫感和责任感,提升了教学者的授课态度和课程资源满意度。

其次,教学形式层面,其一,翻转课堂与在线教学满意度、小组学习满意度之间存在正相关性;其二,传统在线授课形式与在线教学效果满意度、师生互动满意度和小组学习满意度之间皆呈现负相关性,作为以教为主的教学形式,课堂师生互动较少,也很少会采用小组教学的形式,从而导致了师生互动、小组教学和在线教学满意度不高;其三,各大网校通过自建的直播端进行直播教学,与在线教学效果满意度、教学者态度、师生互动满意度和小组学习满意度都存在显著正相关性,原因是网校教学者与其学习者关系较密切,主要采取以学为主的教学形式,且自建教学平台功能完善、网络流畅,有利于小组教学和师生互动的开展,所以四项满意度水平较高。

再次,在教学监管层面,其一,使用课堂派签到进行监管与在线教学满意度之间存在正相关性,采用课堂派签到的教学者对在线教学满意度较高;其二,不采取监管与教学者态度、监管效果满意度之间呈现显著的负相关性,在线教学中教学者和学习者异地,部分时候甚至处于异步状态,教学监管效果相对于传统线下授课较差,不采取任何监管形式的教学者,在教学者态度和监管效果满意度这两项指标上要明显低于采取监管形式的教学者;其三,采取家长配合、笔记抽查、屏幕互动等监管形式的教学者对自己的教学态度评价较好。

最后,在教学评价层面,课前的诊断性评价、课中的形成性评价和课后的总结性评价与在线教学满意度之间表现出较强的相关性。表明教学者重视在线教育的评价环节,且都认为教学评价与学生学习效果、学习成绩直接相关,重视教学评价的教学者对在线教学的满意度较高。

综上所述,从整体情况来看,教学者对在线教育的各环节都较为满意,但传统的在线授课形式与各项满意度之间都存在负相关性,充分说明简单地将线下教学移植到线上已无法满足全民终身学习视野下的在线教育师生双方的需求。今后需要从变革教学形式、开发优质教育资源、加强在线教学监管、重视总结性评价等层面优化我国在线教育体系。

第三节　讨论与建议

根据本书的数据分析结果,结合对问卷星答卷的分析,可以从教学者视角把握我国在线教育的建设与开展现状。在当前终身学习视野下,我国在线教育规模较大、发展速度较快,但有些方面仍需完善。本节提出了我国在线教育体系中存在的一些问题,并对在线教育体系的构建与完善提出了以下建议,以期能为我国在线教育的未来发展作出一点贡献。

一、讨论

(一)在线教育资源丰富,但资源适切性不够

在线教育的课程资源以数字化学习资源为主,数字化学习资源可以从计算机网络中获取各种学习资源,当前我国在线教育课程资源主要包括慕课、小规模限制性在线课程、视频、音频、文本、传统教材和各机构内部资料等。总的来说,目前我国在线教育的课程资源广度较大,但深度有待增强。

尽管我国目前的在线教育资源种类丰富,涵盖学科广,但也存在资源适切性不够的问题。例如,从资源选择层面来看,选择小规模限制性在线课程作为教学资源的教学者对于资源的满意度要明显高于选择传统教材的教学者,充分表明了适合的教学资源与在线教学满意度之间的正相关性,同时从相关性分析中可以看出,如果教师墨守成规,一味地将传统授课时使用的教学资源照搬到线上教学,对教师自身的授课态度和教学效果都会产生一定负面影响。

(二)在线教学形式多样,但传统形式效果较差

当今终身学习视野下的我国在线教育,教学形式按照地区、年龄、学历等差异有丰富多样的形式,在本次问卷调查中,主要有大规模开放性在线课程、小规模限制性在线课程、视频、音频、文本、传统教材和各机构内部资料,可以满足不同学习人群需要。

但是从问卷数据中也发现目前的在线教学形式存在一些问题,主要体现在传统教学形式在线上教育中的满意度较差,并且分组教学的形式在实际应用中效果不良。从答卷中可以看到,采用传统在线教学形式的教师教学态度、教学满意度均较低,与之相对应的是,采用机构内部平台或翻转课堂进行在线教学的教师,这几项满意度都较高。从中可以合理地推测,无论是传统在线教学形式或是新型在线教学形式,只有教师做了充分的准备,并根据在线教学特点对教学形式作出优化,都可以获得良好的教学效果。

(三)在线教学监管方式合理,但学生自主学习能力有待提升

无论是面向何种类型的学习者,在线教学中的监管过程都是必不可少的,这是由在线教育时空的不对称性决定的。从答卷中可以分析出,采取监管手段的教学者比不采取任何监管手段的教学者,在教学者态度、监管效果等项的满意度上都更高。在采取一定监管手段的教师中,不同的方式也会对满意度

造成不同程度的影响。例如，使用课堂派签到方式的教学者对在线教学的整体满意度较高，利用家长配合、笔记抽查、屏幕互动等形式的教学者对自己的教学态度满意度较好。从侧面说明，学生在有教师监督的情况下，学习效果较好，也表明在今后的在线教学监管过程中，一方面要利用多种形式开展监管和监督，另一方面要从根本上提高学生的自主学习能力。

（四）在线教学评价方式多元，但总结性评价有待提升

我国在线教育体系的教学评价层面，总体上符合课程开始前的诊断性评价、课程进行时的过程性评价和判断学习效果的总结性评价，实现了多元化的教学评价。首先诊断性评价的平均分最高为3.85，表明在线教育中教师比较重视课前对学生基础水平的考量，以便确定教学难度并安排教学过程；其次形成性评价的平均分为3.74，教师在授课过程中，常常利用提问、互动、讨论等形式检测学生的动态学习效果，并在教学过程中利用教师经验随时优化教学策略；最后是总结性评价，平均分为3.69，且布置课后作业和认真批改作业的满意度分别为4.12、4.2，表明教师意识到在线教育中课后作业的重要性以及重视程度。但细化到作业完成情况和作业质量满意度的平均分分别只有3.25和3.12，表明在线教育中教师对课后作业的完成质量不够满意。

二、建议

（一）注重课程资源适切，积极构建优质资源

通过对问卷的分析，发现积极使用小规模限制性在线课程、机构内部资料作为课程资源的教学者，对在线教学效果满意度和课程资源满意度要明显优于使用传统教材作为课程资源的教学者。这启示我们，教学者在选择和使用课程资源时，要充分考虑不同地区、不同学校、不同学段的学生的需求差异性，一方面课程资源要符合教学目标和教学内容的需要，另一方面要适合不同年

龄段、不同认知水平的学习者的身心特征,才能够促成有效学习的发生。为了保证所选择的课程资源的适切性,教学者需要发挥主观能动性,在对已有资源加以完善、改进的基础上,效仿小规模限制性在线课程形式,开发私密度、准入门槛都较高的课程资源,给学习者营造获得优质资源的紧迫感,提升学习积极性,防止出现一套传统教材用于所有学生的情况出现。

(二)合理选择教学形式,发挥分组教学优势

相比传统的学校教学和课堂教学,“互联网+”时代的教学方式呈现出多元性、多样性,既可以充分顾及个体层面的学习,也可以兼顾小组层面和社群层面的学习。① 在终身学习的视野下,随着信息技术与教育领域的深度结合,在线教育中的教学方式呈现多样化发展态势,明确表示要推动智能技术深度融入教育教学全过程,充分利用虚拟现实技术、增强现实技术,建设智能学习空间和学习体验中心等,推进场景式、体验式和沉浸式学习。

当前,我国的在线教育体系,能够践行翻转课堂等新型教学形式推进教育现代化,分组教学的优势却没有得到很好体现,在线教学的有效开展都需要学生具备较高的自主学习能力,需要教师的适时引导和及时反馈,结合学生的心理特点和认知特点,选择合适的课程资源,引导学生开展分组学习,提高学习的积极性和学习效率。

(三)加强在线教育监管,提高自主学习能力

在线教育中的监管过程需要教学者、学习者、教学平台的通力合作。首先,教学者要重视教学监管的作用,不同于传统课堂教学,在线教学的教学者和学习者之间有着地域甚至时间的差异,教学活动是异地甚至异步的,采取一定的监管手段可以调控课堂气氛,保证学习质量,本书证明了不采取任何监管

① 黄荣怀、张慕华、沈阳、田阳、曾海军:《超大规模互联网教育组织的核心要素研究——在线教育有效支撑“停课不停学”案例分析》,《电化教育研究》2020 年第 3 期。

手段的教学者在授课态度和教学监管满意度上要显著低于采取监管手段的学习者;其次,教学平台要提供切实有效的学习支持服务,协调相关企业、运营商,提升网络服务质量,确保流畅的通信平台和最佳用户体验,确保在线教学的网络服务质量,同时加快技术革新,将更多有效可靠的监管功能集成到在线教学平台之中,最后是提高学生的自主学习能力,教学者要加强对学生线下自学的指导,引导学生努力尝试线下的自主学习。结合学生的年龄特点,对众多的学习指导资源进行必要的筛选,再结合所教年级学生的心理特点、认知特点和居家学习遇到的实际问题,拟定出学习策略和方法推荐给学生,从而达到线上主要负责指导,更多时间用于线下自学的目的。

(四)优化评价考核体系,实现评价方式多元

当前我国在线教育和传统课程一样,教师会采用多种评价方式对学生进行考核,但本书发现教学者对于在线教育总结性评价的满意度不高,主要表现在学生难以及时完成课后作业,或者作业质量不尽如人意,这与在线教育和传统课程的区别有关。在线教育中,学生的作业和考试在网络另一端完成,尽管教学者要求学生单独完成,但缺少了教学者的监管,考核的信度必然会因为学生的自控能力较低而降低,许多学生仅仅为了完成任务或者获得成绩去完成作业,使总结性评价失去了其原本的意义,因而导致教学者对其满意度较低。

针对以上问题,在线教育必须对评价考核体系进行优化,以保证学生能够独立诚信地完成作业和考核。例如,可以设计远程监控软件实时监测学生的作业和考试情况,Coursera 平台便计划使用远程监视器和专用软件来进行远程线上考试。① 另外,还可以采用"学生自评+同伴互评+教师评价"相结合的方式进行评价,建立多元立体化的评价考核体系,充分发挥教学评价的反馈调节作用。

① 邹先容:《高等职业院校的慕课教学模式研究——以武汉职业技术学院为例》,湖北工业大学 2017 年硕士学位论文。

第八章　全民终身学习视野下我国在线教育体系的全面透视

当今世界，科技发展日新月异，互联网、人工智能、云计算、大数据等新兴技术层出不穷、高速迭代，对人们的生活、学习、思维方式产生了深刻的影响，对人的各方面素养提出了新的要求。终身学习成为个体适应数字化时代的必要选择，在线教育是实现终身学习的手段和途径。在全民终身学习视野下，进行我国在线教育体系的全面透视有助于展现当前我国在线教育体系发展现况，指引未来在线教育体系的发展。

第一节　全民终身学习视野下我国在线教育体系的价值导向

信息技术不断深化发展，终身学习和在线教育理念日渐深入人心，其与科技发展水平、教育理念变革以及用户对教育需求的转变及生活水平都有着密切关系。在此背景下，从以下五个方面对全民终身学习视野下我国在线教育体系的价值导向进行了分析，第一，落实全民终身学习理念，扩大在线教育辐射范围；第二，贯彻多元智能理论，提供在线教育个性化服务；第三，秉持技术与教育深度融合思想，营造在线教育软硬环境；第四，彰显教育公平原则，促进在线教育资源共享;第五,凸显教育质量观念,优化在线教育师资队伍。

一、落实全民终身学习理念,扩大在线教育辐射范围

科技的变革让社会发展日新月异,促使全人类的生产生活发生翻天覆地的变化,人们的行为习惯、思维方式、学习方式等都受到深刻的影响,这对人的各方面素养提出了新的要求。全民终身学习已然成为世界主流思想,对国内外各级教育都产生了深远的影响。与此同时,互联网技术的飞速发展,催生了在线教育,并使其成为实现全民终身学习的必然选择。2015 年,习近平总书记在《致国际教育信息化大会的贺信》中对信息化社会的教育体系提出要求,强调其要具备网络化、数字化、个性化、终身化的特征,最终助力"人人皆学、处处能学、时时可学"的学习型社会的建成。党的十九届四中全会更加突出教育的重要地位,明确提出"构建服务全民终身学习的教育体系"重要举措,强调发挥网络教育的优势,创新教育和学习方式。因此,不难看出,在线教育是实现全民终身学习的手段之一,而实现全民终身学习也是在线教育的终极目标,更能看出中国奋力推进全民终身学习的决心。

毫无疑问,在线教育是实现全民终身学习的强大助推力,但是这种强大的力量并不是对每个人而言都显而易见,因此,要扩大在线教育辐射范围。这种辐射范围包括三层含义,第一,指在线教育用户规模的扩大。新冠肺炎疫情的暴发成为一个明显的"分水岭",疫情突发之前,中国在线教育学习群体以中青年为主;疫情突发后,大中小学被迫转变传统的课堂教学方式,纷纷转向线上教学,在政府政策和用户需求的加持下,在线用户规模逐步扩大。而老年在线对中国仍属新生事物,老年在线教育用户需要进一步挖掘。第二,指在线教育细分领域的渗透。艾媒咨询将在线教育的细分领域描述为:学前教育、K12教育、高等教育、留学教育、职业教育、素质教育、语言教育,中国已经着手整顿在线教育行业乱象,在线教育行业将逐步走向规范化发展,且在新冠肺炎疫情的推动下,大众对在线教育的认可度和接受度较高,在线教育市场延伸到各个

细分领域的潜力巨大。第三，指在线教育用户地域的延伸。用户由一、二线城市逐渐扩散到三、四线城市，究其原因是，在线教育能够很好地缓解三、四线城市师资薄弱、教学资源缺乏的现状，因而深受三、四线城市的在线教育用户的喜爱。

二、贯彻多元智能理论，提供在线教育个性化服务

多元智能理论认为，每个人都不同程度地拥有相对独立的八种智力，而且每种智力有其独特的认知发展过程和符号系统，因此，教学方法和教学手段不能一成不变，而要根据学习者和教学内容变化因材施教。在线教育强大的自身优势在于资源丰富、灵活方便，让学习者能够克服由于学习地点、时间、成本等因素带来的限制，并且其结合新兴技术（人工智能、虚拟现实、大数据等）契合了不同学习者多样化的学习需求，给学习者提供了不同于传统线下课堂的良好体验。李克强总理在 2019 年 8 月 28 日主持的国务院常务会议中强调"推进'互联网+'教育，鼓励符合条件的各类主体发展在线教育，为职业培训、技能提升搭建普惠开放的新平台"，也专门指出"支持面向深度贫困地区开发内容丰富的在线教育资源"。随着社会经济的快速发展，人们也开始寻求自我能力提升，在线教育无疑是一种实惠的选择。伴随在线教育平台和产品的进一步成熟，用户需求也随之不断扩张。王晶莹、杨伊发现，由于年龄和传统学习环境的原因，中小学生自主学习能力较差，相较于在线视频学习，更倾向于自带监督的"直播"式在线学习。王冬青等通过问卷调查，发现全日制研究生有以下在线学习需求，包括合理控制在线学习时长、深化学习交互、提供有效学习支持服务等。① 在线教育的主营业务包括学前教育、K12 教育、高等教育、职业教育等，不同领域、不同主体学习者的需求也各不相同。在线教育理应利用多元智能理论培养学生的优势发展，因此，需要精准提供在线教育个性化服务。

---

① 王冬青、裴文君、罗力强、任光杰.《高校 MOOC 在线教学模式与实施策略研究——基于全日制研究生在线学习现状和需求的分析》，《研究生教育研究》2020 年第 5 期。

在线教育个性化服务指的是,通过恰当的方法、手段、内容和评价方式,并考虑到学习者自身发展特点和潜力,提供的"一对一"私人定制的服务①,此外,学习者还可以自主选择授课教师、教学风格等服务。其中,尤为关键的是个性化服务技术手段的提供,主要是利用新兴技术,例如利用人工智能、大数据等技术来监控学习者面部表情、进行智能化推荐和搜索、生成个人学习报告等,通过技术的应用更好地掌握学习者的学习情况和效果,并为其匹配教学资源。在线教育关注学习者的自主学习能力,随着接触互联网的学习者群体规模越来越庞大,全民终身学习视野下我国在线教育体系要利用当前研究成果和新兴技术为越来越多的学习者提供良好的个性化服务,供给学习者高质量的在线教育并充分调动学习者学习的积极性,给学习者带来满意的个性化学习体验。

三、秉持技术与教育深度融合思想,营造在线教育软硬环境

教育信息化浪潮滚滚而来,2017 年,中国共产党第十九次全国代表大会将教育的主题转向"加快现代化,建设教育强国",明确指出了教育事业的优先地位,推动教育信息化发展进入新阶段。2018 年,教育部启动《教育信息化 2.0 行动计划》推进"互联网+教育"的具体实施计划,提出到 2022 年基本实现"三全两高一大"的发展目标,全面提升教育信息化发展水平。2019 年,教育部等 11 部门印发了《关于促进在线教育健康发展的指导意见》,明确提出了在线教育的概念,这赋予了教育信息化新的使命。同年,中共中央、国务院印发《中国教育现代化 2035》,强调加快推进教育现代化、建设教育强国、办好人民满意的教育。而实现信息技术与教育的深度融合是实现教育信息化目标的有效途径与方法。实现技术与教育深度融合,必须要牢牢把握三个基本属性,即营造信息化教学环境、实现新型教与学方式、变革传统的课堂教学结构,在线教育的兴起为推动技术与教育的深度融合带来了契机。随着教育信息化的

① 王浦劬:《政府向社会力量购买公共服务的改革机理分析》,《北京大学学报(哲学社会科学版)》2015 年第 4 期。

发展和终身学习需求的不断提升，在线教育成为一种服务于终身学习的新的教学和学习资源提供方式，从而为教育赋予了新的内涵。①

营造在线教育软硬环境是推动教育变革的前提。在线教育软硬环境包括在线教育基础设施的完善、师生的信息化素养和创新教育教学管理。② 首先，完善在线教育基础设施。2019 年，教育部等 11 个部门联合印发指导意见，提出要大幅提升在线教育的基础设施建设水平，具体举措包括扩大优质在线教育资源供给、构建扶持在线教育发展的政策体系、形成多元的在线教育管理服务格局、强化基础设施建设，加快建设教育专网，旨在到 2022 年实现所有学校接入快速稳定的互联网。其次，师生信息化素养的提升。师生良好的信息素养是保证在线教学顺利开展的关键要素。新冠肺炎疫情期间，线上课堂和传统线下课堂的较大差异，要求教师不仅要具备信息化资源整合能力，还要为学生提供精准辅导。③ 因此，启发教师在互联网时代要以更加开放、包容的心态去面对信息化教学手段，要不断学习和尝试，找到技术与教学融合的最佳途径。学校要加强培养学生信息技术能力，引导学生利用信息技术创造性地解决生活中的问题，提出数字解决方案。最后，创新教育教学管理，包括运用大数据分析方法实现科学的教学过程评价、构建一个适应现代化、信息化需求的教学互动平台、建立合理的激励制度等，达到激发教师内在动力的目标。

第二节　全民终身学习视野下我国在线教育体系的典型特征

早在 20 世纪 90 年代，互联网技术的发展和教育信息化的提出催生了国

---

① 宋亦芳：《终身教育信息化发展的特征图谱分析》，《职教论坛》2020 年第 9 期。

② 蒋惠凤、刘益平、张兵：《在线教育方式下高校教学改革的行为选择、动因与对策研究》，《黑龙江高教研究》2021 年第 1 期。

③ 吴砥、余丽芹、饶景阳、周驰、陈敏：《大规模长周期在线教学对师生信息素养的挑战与提升策略》，《电化教育研究》2020 年第 5 期。

外在线教育的萌芽,相比之下,我国的在线教育起步较晚,然而在总体上呈现出发展速度快、市场规模大、应用范围广、产品形式多的特点。据艾媒网相关报告显示,2020 年我国在线教育用户规模预计达到 3. 51 亿人,在线教育市场规模预计超过 4800 亿元。目前,我国一、二线城市的在线教育市场日趋成熟,终身学习理念不断向下传播和深入,各类在线教育平台不断开发下沉市场,伴随社会总体教育意识的觉醒与不断加强、在线教育市场规模的不断扩大以及消费能力的升级,我国在线教育产业在现阶段已经进入了学习领域垂直细分、学习方式丰富多样、资源开放共享、教育内容变现的智能教育时代,全民终身学习理念深入人心。从宏观角度来看,我国在线教育体系总体上呈现出建设多元化、发展差异化、治理碎片化、衔接机制薄弱的特点。

一、在线教育建设多元化,助力全民终身学习发展

我国在线教育体系建设的多元化主要体现在建设主体的多元化,我国在在线教育体系建设过程中总体来说呈现出政府引导、高校参与、企业推进的多方共筑的特征,通过政策推进、资源建设、资金投入等方式助力面向全民终身学习的在线教育体系建设。第一,在我国在线教育体系的建设过程中,政府起到了重要的引导和监督作用。在在线教育产业发展初期,政府主要作为在线教育的建设主体和引导者发挥作用。我国积极投入政府力量,充分发挥政府影响力,调配社会资源进行在线教育基础设施和资源建设,为我国在线教育产业的起步和发展注入动力。自 1999 年开始,我国教育部陆续批准了 68 所高校成为全国现代远程教育试点院校,2011 年教育部在精品课程建设的基础上启动了“国家精品开放课程建设工程”,进一步提倡教育资源的开放共享,截至 2013 年,原有的 3000 多门国家精品课程转型升级成为开放的视频公开课程。在在线教育市场日趋成熟、在线教育参与主体日趋多元的“网络教育元年”之后,我国政府作为在线教育体系监督者的身份更加凸显。2018 年,教育部、国家市场监管总局、应急管理部三部门办公厅联合印发《关于健全校外培

训机构专项治理整改若干工作机制的通知》，其中明确提出要强化在线培训监督。随后教育部、公安部等部门又先后发布了《关于规范校外线上培训的实施意见》《关于引导规范教育移动互联网应用有序健康发展的意见》《教育移动互联网应用程序备案管理办法》文件，对在线教育培训机构的备案、在线教育从业人员的资质、在线教育平台的内容建设等提出了细化的规范和要求。一些地方政府也在中央政府的号召下，结合地方特色发布了针对在线教育产品的管理办法和条例，例如中国广东省发布的《广东省面向中小学生校园学习类APP管理暂行办法》、江苏省教育厅等制定的《江苏省校外线上培训备案细则（试行）》等。

第二，在我国在线教育体系的建设过程中，高校作为重要的参与者，主要承担着在线教育内容开发和在线教育公共服务平台建设等任务。高等院校作为传播和生产社会先进知识的重要基地，拥有优质的教师资源和天然的教育教学传统优势，是优质在线课程资源和在线教育内容的主要开发者。国内当前的慕课建设已形成"以大陆境内高校自建为主、境外高校和社会科研机构参与建设为辅"的建设格局。在全部3359门慕课中，中国大陆境内高校参与建设3045门，占总慕课数的90.6%，社会科研机构和大陆境外高校分别占5.2%和4.2%。高校是慕课建设的主要承建主体。① 国内一些高校还积极和国外的在线教育平台开展合作，一方面可以实现优质资源共享共建，另一方面也有助于提高我国高校的国际影响力，例如清华大学、复旦大学等加入了edX、Coursera在线教育平台。高校除了是课程资源建设的主体，也开始整合国内的在线教育资源，进行在线教育平台建设，国内涌现出了诸如"慕课学院"（前身为中国大学慕课）、"学堂在线"和"智慧树"等一批优秀的在线教育平台，其中"慕课学院"和"学堂在线"的用户占到了国内高等教育市场份额的34.4%。

① 王伟、田长海：《我国高校慕课建设现状研究》，《北京教育（高教）》2019年第4期。

第三，在我国在线教育体系的建设过程中，企业作为主要的推动者，为我国在线教育发展提供技术以及资金上的支持，为在线教育产业发展注入鲜活的市场力量。在线教育作为一种基于互联网展开的一种教育活动，离不开相关信息技术和互联网技术的支撑。随着在线教育市场的不断扩大，大量的相关企业开始关注在线教育产业，5G 技术、人工智能技术、物联网、云计算、虚拟现实等技术的不断革新助力在线教育蓬勃发展。例如疫情期间，我国三家基础电信企业面向中小学校推出的免费提速、资费折扣、云课堂、免费直播点播等服务，为我国疫情期间在线教育活动的有序开展提供了有力保障。企业力量的涌入为在线教育产业带来了大量的资金，这些资金一方面能够支持在线教育的创新与发展，另一方面能够调整供需，引导在线教育产业迎合市场需求。例如，阿里巴巴集团于 2015 年和北京大学合作建立了华文慕课，网易公司创建的“网易公开课”平台等，企业通过技术辅助、技术开发、资金投入等方式参与到在线教育的建设与管理中来，利用其市场资源，丰富了在线教育产品与市场，并形成 B2B2C、B2C、C2C 模式等相对稳定的商业模式，更好地推动了在线教育产业的发展。

二、在线教育发展差异化，在线教育体系“全民性”不足

我国在线教育体系发展的差异化主要体现在在线教育区域发展差异化以及在线教育细分领域发展差异化，三、四线城市以及乡镇地区在线教育普及化程度不高，职业培训领域在线教育产业发展不足，在一定程度上阻碍了全民参与的终身学习体系的发展。第一，受经济和文化因素以及历史遗留因素的影响，我国的教育水平长期存在区域差异，这种差异在在线教育发展水平上同样存在。我国在线教育基础设施建设水平存在差异，在二、三线城市和农村地区基础设施建设都相对薄弱，尽管近年来我国脱贫攻坚力度不断加大，但是目前农村小规模学校的网络环境和信息化设备仍是农村在线教育发展的“短板”，某些低收入家庭子女还是无法保证网络环境和上网设备，消弭这些由于基础

设施缺乏带来的“第一道数字鸿沟”是推进全民终身学习体系建设和普及的基础问题也是重要问题。我国在线教育普及程度存在差异。当前,我国一、二线城市在线教育行业市场渐趋成熟,而三、四线城市和乡镇地区仍处于发展期。究其背后的原因,除了固有的经济、文化以及教育意识的差异,在线教育普及程度不高,在线学习意识不强也是导致这种差异的重要原因之一。受 2020 年新冠肺炎疫情影响,在线教育成为教育行业的热点词汇,随着三、四线城市及乡镇居民精神需求的日益提高和教育意识的增强,未来将有较大的发展潜力。

第二,我国在线教育体系发展的差异化还体现在在线教育细分领域发展的差异化。将我国目前市场上的在线教育产品按照面向的用户群体和产出内容进行划分,具体可以划归为 K12 教育、高等教育、素质教育、综合网校、语言学习和职业培训。从数量上看,K12 教育的相关产品占据了绝对优势,并且 K12 在线教育市场仍然在持续升温,前有 2019 年“掌门教育”获得 3.5 亿美元 E-1 轮融资,后有“跟谁学”在美国纽交所上市,并且有调查显示在线教育用户对 K12 教育平台了解度最高,达到了 34.5%,相比于其他在线教育细分领域,K12 在线教育市场发展更成熟,市场需求也更大。反观职业培训领域,其在线教育产业市场发展则相对逊色,然而以成年人为主要用户群体的职业培训教育是构建面向全民终身学习的在线教育体系重要一环,因此有必要加强建设。从质量上看,高等教育领域在在线教育平台搭建上,不仅有政府力量的积极引导和知名企业的参与,更是以国内外顶尖高校为主体进行相关内容和资源的开发,因此总体上其在线教育产品的表现更加成熟、更加优质,而其他领域的在线教育产品,则由于社会资源、监管流程等问题在质量上难以保持稳定的水准。

三、在线教育治理碎片化,在线教育体系运转效率不高

网络时代的教育治理具有多中心特点,信息技术通过分级、分层、分段配

置,形成多元利益主体参与治理的网络结构。① 全民终身学习视野下的在线教育体系其参与主体是多元的,其生态结构是复杂的,其服务对象是庞大的,尽管我国已经初步形成了政府引导、企业竞争、学校自主选择的资源建设和配置机制,然而在政府、市场、社会、学校之间尚未形成一个多元一体的治理机制,在线教育体系运转还存在低效率、低耦合等问题,我国在在线教育体系的治理上整体呈现出碎片化的特点。第一,这种碎片化表现为在线教育资源公共服务平台的重复建设问题。我国政府高度重视在线教育资源公共服务平台建设,国家相继出台了"三通两平台""一师一优课""国家精品课程""国家虚拟仿真实验教学项目"等政策。通过多年努力,当前我国数字化教育资源公共服务平台服务水平日渐提高,资源服务体系已初见雏形。然而数字化资源公共服务平台重复建设现象严重,各级各类教育资源库及服务平台之间相互独立,导致了大量的重复工作和资源的浪费,并且各级各类平台仅在技术层面实现了互联互通,而在应用与管理方面缺乏协同机制,大多数省份的政策仅以指导建议和规范要求为主,对网络授课平台遴选、资源准入标准、内容审核和监督等方面缺乏明确规定②,各类平台之间存在障碍,交互沟通不畅进而导致了治理的低效率。

第二,在线教育体系治理的碎片化还表现为在线教育资源供需的不匹配。尽管我国已经建立了大量的网络公开在线教育资源,然而由于数字化教育资源相似度较高,教师要从众多的在线教育资源中搜集适合学生的课程资源并整合成教学内容和教学材料实属不易。除此之外,由于在线教育资源的开发和建设过程中,政府、市场、社会和学校之间缺乏有效的协同治理机制,不同主体之间难以形成有效沟通和反馈,导致许多课程资源与教师需求匹配度较低,教师使用现有资源的意愿不强烈。对此,有教师抱怨:"与其用现有的课程资

---

① 叶响裙:《公共服务多元主体供给:理论与实践》,社会科学文献出版社 2014 年版。

② 王冬冬、王怀波、张伟、王海荣、沈晓萍:《"停课不停学"时期的在线教学研究——基于全国范围内的 33240 份网络问卷调研》,《现代教育技术》2020 年第 3 期。

源，还不如自己重新录一个课”。①构建一个多元一体的在线教育协同治理体系的关键是要厘清在线教育中政府、市场、社会、学校的职责与定位，强化政府主体责任，发挥市场机制在资源配置中的决定性作用，关注社会和学校的需求，搭建起有效的沟通渠道，建立起高效运转的治理机制，同时应该加强知识产权保护，吸引各利益相关者积极参与在线教育资源共建共享。

四、在线教育衔接机制薄弱，在线教育体系“终身性”不强

党的十九届四中全会明确提出“构建服务全民终身学习的教育体系”的战略任务，实现“不同类型学习成果的互认与衔接”，不仅是推动全民终身学习的外部激励力量，更是完成这一战略任务的关键。在面向全民终身学习的在线教育体系的构建过程中，在线教育同传统的学校教育相衔接与融合，学历教育和非学历教育的成果衔接与转化问题至关重要。然而，目前我国在在线教育体系的衔接机制的构建上仍然比较薄弱。第一，线上线下教学过程的衔接存在障碍。抛开2020年的新冠肺炎疫情不谈，当今线上线下相结合的混合教学模式已经成为学校教育的主流，然而如何充分发挥和融合两种教育模式各自的优势，调动教师和学生参与的积极性，实现最优的教学效果这一问题仍然亟待深入的探讨。线上线下教学过程的科学有效衔接需要创新教师队伍建设，为混合式教学的高校开展奠定基础；需要创新教师评价机制，建立教师激励机制，充分调动教师积极性；更应该联动多方力量，为线上线下教学的衔接提供支持，国家、地区、学校应建立健全针对线上线下混合式教学的支持体系。

第二，线上线下学习成果的认证与转化存在障碍。在线教育已经逐渐被接受成为一种主流的自我提升的渠道，在在线教育发展的过程中，在线学习成果的认证显得尤为重要。尽管目前我国各个在线教育平台都推出了学分认证

① 孟久儿：《“停课不停学”：推动中小学在线教育再升级》，《中小学管理》2020年第3期。

服务(如中国大学慕课、学堂在线提供的有授课老师电子签名、显示教师所在学校标志的成果认证证书),同时国家也积极推进学分银行的建设与普及以及个人学习账户的建立。然而,我国在线教育成果认证仍然存在诸多问题。国内平台以为在校大学生提供学分认证服务为主,缺乏为社会学习者提供的认证服务。例如,学堂在线依托清华大学及合作机构,通过“学分课程”与“中国大学选修课(CAP)”两类服务提供学分认证。线上的非学历教育和传统的学历教育衔接不充分,缺乏统一融合的认证机制,这一方面导致在线教育体系和学校教育体系的脱节,另一方面也使在线教育成果的社会认可度不高,极大地挫伤了学习者参与在线教育的积极性,尤其是那些把在线教育视为自我提升、改变现状的重要渠道的社会学习者。在线教育平台之间的成果认证和转换机制尚未成熟,平台之间不能做到互通互联,这对于建立面向终身学习的个人账户来说将是一个极大的挑战。

第三节 全民终身学习视野下我国在线教育体系的机遇挑战

1965 年 12 月,联合国教科文组织召开了第三届国际成人教育促进大会,法国成人教育学家保罗·朗格朗(Paul Lengrand)向大会提交了“关于终身教育”的提案,他认为人的一生都需要受教育,强调在任何教育体系中,学会如何学习是一种特殊的教育方式,它具有无可替代的价值。[①] 如今,我国在线教育的发展愈加如火如荼,更为全民终身学习提供了强大的平台保障,互联网技术的日新月异既是在线教育的发展机遇,也给在线教育带来了一系列的挑战。

① 杨欢:《教育公平视角下网络教育建设的途径》,《教学与管理》2017 年第 18 期。

一、发展机遇

（一）全民终身学习的普及

第一，创建“人人皆学、处处能学、时时可学”的学习型社会是全面建成小康社会重大战略任务的根本保障，是我国教育事业改革发展的重要任务。我国《国家中长期教育改革和发展规划纲要（2010—2020 年）》明确提出未来十年要“构建灵活开放的终身教育体系”“搭建终身学习立交桥”，基本形成全民学习、终身学习的学习型社会。

第二，全民终身学习是指社会每个成员为适应社会发展和实现个体发展的需要，贯穿于人的一生的、持续的学习过程。即我们所常说的“活到老学到老”或者“学无止境”。1972 年 5 月，联合国教科文组织下设的国际教育发展委员会发表了著名的报告《学会生存——教育界的今天和明天》，该报告的一个重要思想就提出了终身学习观，指出：“唯有全面的终身教育才能够培养完善的人，我们再也不能刻苦地、一劳永逸地获取知识了，而需要终身学习如何去建立一个不断演进的知识体系——学会生存”，“科学技术的时代，意味着知识正在不断地变革，教育应该较少地致力于传递和储存知识，而应该更努力寻求获得知识的方法（学会如何学习）。”在特殊的社会、教育和生活背景下，终身学习理念得以产生，它具有终身性、全民性、广泛性等特点。终身教育和终身学习提出后，各国普遍重视并积极实践。如今全民终身学习更是被广泛普及，启示着社会中的每一个成员树立终身教育思想，使每一个人学会学习，更重要的是培养主动的、不断探索的、自我更新的、学以致用的和优化知识的良好习惯。

（二）传统教育的变革

首先，信息化技术和人工智能等科技的快速发展，使社会开始步入全新的

“互联网+”时代。对教育领域而言，信息技术不仅带来了一种全新的价值观念和思维方式，同时也推动了教学工具的革新与教育技术的发展。教育与互联网技术紧密结合形成的“互联网+”教育新模式，能有效促进传统教育的改革，开展个性化教学，分别从学习需求、学生认知、教育服务、学习空间、教学实践及学校发展六个维度进行变革，提高教学效果。

其次，面对我国庞大的人口以及受教育程度不均衡等问题，持续的大规模教育是我国未来教育面临的一大挑战。而在线教育不受时空的限制，一份教学资源可以提供更多的人学习，因此在线教育在缓解教育资源有限、时空限制等方面有着无可比拟的优势。此外，在线教育在学习的门槛上提供了阶梯式的缓冲，每位学习者可以根据自身的特点和需求，在网络上进行个性化的学习，因此，在线教育可以解决我国传统教育承载能力有限的问题，为未来教育的发展提供了重大机遇。

最后，在当前“互联网+”的时代背景下，在线教育既能够满足个性化的学习，又能够实现大规模化的教学，尤其是近年来大数据技术的飞速发展，在线教育平台可以记录学生的学习进度、学习内容、学习习惯等，此类基于大数据的在线教育平台可以因材施教，为教师和学生提供个性化的学习资源和服务。在当前知识技术革新迅速的今天，终身教育体系也成为未来发展的主流，在这种情况下，传统的教育平台很难满足需求，而在线教育则有着自身独特的优势，将在未来发挥巨大的作用，充满了广阔的发展空间。

（三）互联网时代的到来

首先，互联网技术的飞速发展给生活带来了翻天覆地的变化。2015 年 3 月 5 日，在十二届全国人大三次会议上，李克强总理在政府工作报告中提出了“互联网+”的行动计划。“互联网+”就是互联网与各个传统行业的结合，但这并不是两者简单的叠加，而是借助信息技术以及互联网平台，让互联网与传统行业进行深度融合，开辟出全新的发展空间。随着互联网和电脑的普及，慕课等网络教育平台以及移动端口网络学习的兴起，互联网与教育有了一次深度的碰撞，为教育领域开垦出一片新天地。当前，中国教育顺应时代潮流，全面迈入了“互联网+教育”时代。而面对突如其来的新冠肺炎疫情，“互联网+教育”在这样特殊的背景下获得了前所未有的发展机遇，疫情期间倡导的“停课不停学”，大、中、小学的教育课堂从线下搬到线上，给线上教育的发展带来了空前绝后的机遇和挑战。2013 年作为中国“互联网+教育”元年，在线教育项目快速增长，国务院也积极推进“互联网+教育”，加快建设教育专网，保障教育平稳发展。① 之后，“互联网+教育”行业趋于平静，直至此次疫情暴发，使该行业的热潮再次达到“井喷”状态。

其次，在互联网时代下的疫情期，在线教育迎来了蓬勃发展的机会。在线教育作为“互联网+教育”的重要构成部分，其在最初仅仅是作为高校教育的补充手段，地位并不是特别高。而随着信息技术水平的提高，大数据时代的到来，线上教育逐渐在人们的日常生活中普及。在线教育相较于线下授课更为自主灵活以及便利，它不受时间和空间的限制，同时又能够最大限度还原教室课堂，由此成为疫情期间各学校保证教学任务的首选。在互联网技术蓬勃发展的背景下，我国的在线教育也跟着欣欣向荣地成长。据相关统计报告显示，2020 年我国在线用户数量规模达到 3 亿多，而且在线用户群体数量将呈现不断增长的趋势，对当前在线教育的发展提供了支持。② 在新冠肺炎疫情蔓延的关头，为了有效保障教学任务的顺利展开，各地纷纷落实“停课不停学”的教学方式，各个学校逐步开启了网络教学的形式，采用了直播、录播以及在线课程等多种形式。在线教育在这一特殊时期成为教学最主要的途径。

最后，在线教育不仅仅获得了发展的重大机遇，也迎来了前所未有的挑

① 郭创、杨健、易爽、崔延杰、李雪纯：《新冠疫情对“互联网+教育”带来的机遇与挑战》，《商展经济》2020 年第 5 期。

② 王国勇：《“停课不停学”背景下在线教育面临的机遇与挑战》，《电脑知识与技术》2020 年第 27 期。

战。随着“停课不停学”等在线教育的发展,网课的“翻车现场”等热点关键词也活跃在各大新闻媒体。为此,也反映出我国面临的在线教育业务受到了社会各界的广泛关注。在这种在线教育的模式下,社会各界也倡导在线教育要与线下教育相一致,教育部门以及各个机构也出台相关政策支持在线教育的发展,家长群体也积极地参与到在线教育的监督管理中,为在线教育的开展提供了宝贵的支持,各大技术公司也纷纷对现有的在线学习平台进行优化改进,以期更加符合当前的教学需求。

二、现实挑战

(一)教学质量无法保障

首先,在线教育跨越了时空的限制,给学生提供了极大的便利,但同时这也给在线教育带来一定的问题。在传统的线下教育中,由于教师与学生之间的沟通交流更加方便,当学生遇到问题时,教师可以给予及时并且完善的帮助和解答。反观在线教育,它并不具备这样的条件,即便教师也能够为学生答疑解惑,但是与传统教育面对面的答疑解惑相比,在线教育依然存在诸多问题和不便。此外,由于在线教育体系不够健全,无论是国家层面还是学校层面,没有形成一套行之有效的教育质量保证体系,从而影响在线教育平台的教学质量。

其次,在当前开展在线教育的教师中,并不是所有教师都能从传统的教学模式转换到在线教育的模式,少部分只是单纯地把线下学习模式下的课表、教材搬上互联网,对所有的学习者进行毫无差异性的单向填鸭式教学。① 而在线教育若采用此种传统的教学方式,在缺乏教师的监督下,学生成绩将会更快速地下滑。在线教育使学生不能与教师像线下教育那样进行实时互动,关于

① 刘璐、孙乃玥:《大学生在线教育的发展机遇与挑战》,《齐齐哈尔师范高等专科学校学报》2020年第5期。

学习的交流十分贫瘠,无法激发学生自主思考,使学生逐渐丧失自主思考的能力。另外,学生的作业抄袭现象只会更加严重,在网络技术如此发达的环境下,学生更容易复制别人的学习成果而不屑于自己认真独立完成。同时,在线教育的听课效果只会不升反降,很多学生在课前签到完成之后倒头就睡,完整的一堂课却只有教师一人的自导自演。

最后,如果任由此种情况肆意发展,未来的在线教育形势只会更加令人堪忧。针对此类现象,可以采取一些措施进行缓解。比如,老师在授课过程中有意多与学生进行交流,条件允许的情况下开启视频实时关注学生学习情况;再如,家校进行合作,老师与家长携手督促学生的学习。

(二)教育资源分配不均

首先,在线教育会拉大城市与农村享受教育资源的不公,使两者之间的差距越来越大。虽然在线教育具有覆盖范围广、时空限制少等优势①,但对于农村学生,尤其是中西部贫困地区学生来说并不能真正享受到在线教育带来的便利。相反,城市学生则不存在这些问题,他们能够获取更高质量、更优质的教育资源,因此这种教育资源分配不均问题造成了城市与农村学生之间教育愈加不公平的问题。此外,在优质教育资源研发和共享方面,不同地区有不同的经济水平,经济水平决定区域的教育发展。在东部发达地区,师资队伍健全、团队研发能力强、科研水平高,因此学生能更多地获取优质教育资源。而在中西部地区,经济水平落后且师资缺乏,在没有专业人员的带领下,在线教育的实施都存在困难。②

其次,数字鸿沟是教育资源分配不均导致的后果之一。数字鸿沟,是指在

① 雷万鹏、黄旭中:《重大疫情与在线教育发展面临的问题》,《教育研究与实验》2020 年第 2 期。

② 付卫东、周洪宇:《新冠肺炎疫情给我国在线教育带来的挑战及应对策略》,《河北师范大学教育科学报》2020 年第 2 期。

全球数字化进程中,不同国家、地区、行业、企业、社区之间,由于对信息、网络技术的拥有程度、应用程度以及创新能力的差别而造成的信息落差及贫富进一步两极分化的趋势。① 这是一种当代信息技术领域中存在的资源差距现象,有条件者可以上网且能从网上得到更多的信息资源,而无条件者则只能徘徊在网络的大门之外,从而造成巨大的悬殊。在中国,有研究资料表明,数字鸿沟造成的差别正在成为中国继城乡差别、工农差别、脑体差别"三大差别"之后的"第四大差别",其本身已不仅仅是一个技术问题,而正在成为一个社会问题。网络用户虽然持续增长,但其普及和应用主要发生在城市,网络用户中只有0.3%是农民,城市普及率为农村普及率的740倍。数字鸿沟是信息时代的全球问题,而其实质是信息时代的社会公正问题。

(三)技术水平有待提高

首先,线上教育对网课平台背后的技术支持也是一种很大挑战。一方面,由于同时使用人数过多,课程会出现卡顿、网络延迟、程序崩溃等问题;另一方面,各门课的教学模式及场景复杂性和差异度也很高,例如有些实训课要额外安装软件,而电脑配置较低的学生可能无法操作。② 同时,在疫情之下,很多老师都会选择微信以及QQ的平台,让学生上传作业,并借助于这些工具进行作业的批改。虽然当前的教学平台可以实现学生作业的投稿以及展示,但是缺乏对学生完成作业时的直观了解,对学生的作业情况也很难进行评价。在这个过程中,老师没有直接参与,不能直观地掌握学生的学习情况,不能有效地根据学生的学习情况及时调整自己的教学方式。虽然在一定程度上减少了教师的教学难度以及工作量,但是实际上的教学质量难以保证。

其次,在线教育的相关软件、平台的使用对实现疫情下的在线教育必不可

---

① 郭珂:《数字鸿沟与农业信息化探析》,《河南农业》2010年第9期。

② 郭创、杨健、易爽、崔延杰、李雪纯:《新冠疫情对"互联网+教育"带来的机遇与挑战》,《商展经济》2020年第5期。

少,但现今的在线教学平台的功能实现水平参差不齐,消息提醒、用户体验、学生评价、个性化教学、平台交互性等方面不够完善。对此,软件、平台的开发者应该对产品进行不断创新与改进,相关部门对在线教育要进行正确的引导和规范。除此之外,教师也应该对自己的教学方法和策略加以调整,除需要了解掌握多种在线教学平台的特点和使用方法,还需要根据不同的教学要求选择不同的在线教学平台,择优而用,实现有限资源的最大化利用。另外,对于那些注重过程、方法,需要操作演示且在家中可以实现的学习内容,教师可以先自制教学视频提前发给学生们预习,正式上课时可以采用视频直播形式在线检查学习效果。若班级人数众多,在受到网络限制时,老师也可以要求学生将学习结果拍成视频上传平台,然后教师对上传的视频进行检查指正后,再将结果反馈给学生。

最后,面临在线教育参与者数量突增的情况,网络流畅度问题也亟须得到改善。例如大班上课时,如果多人开启音视频就会出现卡顿甚至死机的现象,严重阻碍了教学活动的顺利开展。面对这种情况,教师可以采用多种教学模式相结合的方式来降低网络不流畅对教学进程的影响,进而保障教学活动的顺利进行。网络流畅度对在线教育的重要程度不言而喻,如果在上课期间可以随机开启部分学生视频,既能维持教学情感又能实时收集学生反映情况;能够顺畅地建立学习讨论小组,对不清楚的学习内容进行及时的交流讨论能够巩固学生的学习效果;直播、录播相结合,分时段进行教学通过直播形式在线授课、答疑解惑通过录播,实现重点难点的反复学习观看。①

第四节　全民终身学习视野下我国在线教育体系的发展愿景

本书对在线教育和终身学习概念和我国在线教育体系相关内容进行全面

① 徐小琴、兰羽、王运武:《新冠肺炎疫情下在线教育的机遇与挑战》,《现代商贸工业》2020 年第 32 期。

透视,其目的是为进一步探讨通过在线教育体系的建构去实现全民终身学习的发展方向和战略目标,提出绿色在线教育体系的发展愿景。为此,本书在充分分析在线教育体系的价值导向、典型特征、机遇挑战的基础上,提出了绿色在线教育体系的发展愿景,即实现节约型在线教育体系、高效型在线教育体系、生态型在线教育体系和智慧型在线教育体系。该美好愿景不仅能够从根本上为我国绿色在线教育体系发展描绘方向,而且可以更好地建构在线教育体系,为学习者提供高效、实用的在线学习途径,在增强在线教育体系的完整性和系统性的同时,实现全民终身学习的愿景。

一、建构节约型在线教育体系,平衡区域教学资源

绿色在线教育体系的建构为的是实现平台资源的有效整合。这部分特征与节约型在线教育体系的部分特征具有一定的契合性,从这个方面考虑,在线教育体系的建构应朝着节约型的方向发展。所谓节约型在线教育体系是指平台在对其内部在线教育资源和外部在线教育资源的整合中,既要克服对重复资源无限发展的消费,也要通过技术创新和制度创新,避免顶层资源的浪费,并使节约平台资源的意识和行为渗透到在线教育体系建构的方方面面。在线教育建设的初衷和理想是共享教育资源,协同合作发展,节约教育成本;而事实上,教育的选择和竞争,促使在线教育平台为了凸显各自的竞争实力,独立发展,造成了资源的重复开发和严重浪费,即能耗问题。① 信息技术和互联网技术的应用已经渗透到人们生活的各个角落。在线学习系统满足了人们可以通过互联网进行学习的愿望,学习者可以通过在线学习系统完成在学校中的上课、复习、考试等学习环节。目前的在线学习系统资源多数由建设方去收集并录入系统,各个平台之间的数据并不兼容,如果要进行平台的迁移,数据的备份工作,需要耗费建设者大量的时间和精力。因此,未来我们要降低在线教

① 李凤英、薛庆水、李海霞:《MOOC 能耗问题与策略研究》,《现代远程教育研究》2014 年第 6 期。

育平台应用的能耗，既要考虑物质因素，也要考虑非物质因素；既要有理论策略还要有技术支撑。

首先，协作发展，实现共赢。在在线教育的研究和建设中，加强各个平台之间的合作与交流，免费共享或有偿使用在线教育相关的资源，一方面可以节省时间，提高教育效益，比如提高教学质量和教学资源开发的效益；另一方面能够有效避免因重复投资、重复开发、重复建设所带来的资源浪费和闲置，从而节约成本，缩小地域间的信息技术差距，提高软硬件资源的利用率。注重资源共享、减少重复投资的在线教育资源也能使学习者在享受优质课程的同时，节省查询和评价精力，提高了全民终身学习的积极性。

其次，技术上的协同优化。针对大规模的学习者，在线教育平台要提升数据处理的速度和效果，且要减少资源浪费，必须去除单个平台对资源整合的组成，要走向云服务、云计算、云课堂。云计算和云课堂能够实现网络的深度融合。① 在线教育平台中，如果所有的信息内容和计算都在云上进行，教师和学习者则可以直接通过浏览器访问云平台，走进云课堂，操作简单，无须在机器上安装软件；可以满足在线教育平台的高性能要求，并节约经济成本。但就目前来讲，在线教育平台建设者受制于自身观念和实力以及其他因素，还不能完全走向云服务、云外包。因为，在线教育平台建设者是否用云或局部用云，要对高性能计算、存取速度和经济因素等方面进行严格的考虑。从整体来看，融入云计算、云课堂的在线教育平台，可以利用各地不同架构的优势，在国内乃至全球范围内获得更好的应用。

最后，要平衡好发达与落后地区在线教育资源的“短板”问题。对于整个国家来讲，要做到在线教育资源的合理有效利用，有必要建立发达地区和落后地区间的合作关系，做好技术资源的有偿或无偿传输。通过合作发展，落后地区可以学习发达地区的在线教育建设经验，免费或有偿使用发达地区在线教

---

① 曾祥跃、缪玲：《终身一体在线学习系统的智慧建构——以广东开放大学为例》，《中国成人教育》2020 年第 11 期。

育的软硬件资源。发达地区可以帮助欠发达地区建设在线教育平台;已经建好在线教育平台的学校或教育机构可以和未建在线教育平台的学校或教育机构免费或有偿共享在线教育课程平台。这样可以缩短发达地区和落后地区的差距,提高在线教育资源的利用率,致力于构建节约型在线教育体系,实现全民终身学习。

二、建构高效型在线教育体系，提升全民学习效率

绿色在线教育体系建构为的是实现全民终身学习。从效能方面考虑,绿色在线教育体系所倡导的资源共享的高效性、突破时空的有效性,与高效型在线教育的高效率性和高效益性相吻合,所以说绿色在线教育体系的建构一定会产生高效型在线教育体系。高效型在线教育体系是在我国教育体系建构过程中被广泛应用且已取得很大进步的新型学习模式。因为社会环境的变化和全民终身学习意愿的不断提高,不同时期高效型在线教育体系中“高效”的标准是不一样的,如在线教育体系建构初期,学习者追求的高效在线教育是希望可以满足自身的发展,然而在当前绿色发展背景下,高效型在线教育体系则应该追求以最低的平台成本提供最优质的资源服务,这种高效型在线教育体系应具备高效率性和高效益性特征:高效率性是指可以提高人们的学习效率高、对相关问题的回应速度快;高效益性是指以最低的平台成本获取最大的平台效益,实现投入产出比的最大化。

首先,增强学习者基础性学习素养的培养,提高学习者通过在线教育的学习效率。① 基础性信息素养是指常规的、基本的信息素养,包括信息意识、信息知识和信息能力等。对学习者进行基础性信息素养的培养包括加强他们的信息意识,增加他们的信息知识和提高他们的信息能力这几个方面。加强学习者的信息意识,包括对学习者进行信息重要性的教育,培养学习者运用信息

① 曾伟忠:《在线学习效率提高导向的学生信息素养培养研究》,《现代情报》2010 年第 8 期。

方法思考问题和利用信息技术解决问题的习惯。增加学习者的信息知识,包括开设信息技术课程和进行信息道德和信息文化的教育,开设信息技术课程使学生掌握重要的计算机和网络信息技术,能够使用信息技术工具解决各类问题,进行信息道德和信息文化的教育使学习者能自觉遵守信息法律和具有信息道德。提高学习者的信息能力,包括使学习者能熟练地运用信息知识,获取、传输和处理在线学习资源,能充分利用信息技术为自己的学习服务。

其次,优化相关的制度结构。目前,国内在线教育面临的资金分配不合理、成本节约、技术落后等问题,阻碍了在线教育健康稳定的发展。为提高高校在线教育的办学效益,在保证经费投入的同时,还需对其成本管控进行结构优化,使教育资源能够被充分开发利用。薪酬是在线教育平台开支的重要部分,薪酬制度决定了在线教育平台的运营成本。① 传统学校的薪酬制一般是有明确规定的,但是在在线教育背景下,各个平台为了提升其市场竞争力,都是花大价钱去聘任名师作为自己平台的招牌。因此,在建构在线教育体系时要制定具有公平性、竞争性、激励性的在线教育教师薪酬管理分配制度,将教师的收入与贡献和责任结合起来,有利于在提高工作效率的同时降低在线教育平台的支出成本。

最后,应用大数据推动在线教育资源高效建设。② 数据具有破解当前在线教育资源发展难题的巨大潜力,将成为"互联网+"时代我国推进优质资源有序建设、规范共享与创新应用重要支撑技术。为此,"十三五"期间我国应加大对教育大数据研究项目的支持力度,鼓励广大学者和机构针对教育资源建设与应用存在的突出问题提出基于大数据的解决方案;制定资源公共服务平台及相关资源管理与应用系统的数据采集规范,逐步构建资源大数据;加快研究资源大数据的创新应用模式,深度挖掘资源大数据的潜在价值,逐步提升

① 臧翔宇:《高校在线教育成本管控的价值选择与优化提升》,《教育评论》2019 年第 4 期。
② 杨现民、赵鑫硕、陈世超:《"互联网+"时代数字教育资源的建设与发展》,《中国电化教育》2017 年第 10 期。

资源服务的高效化和个性化；探索“互联网+”时代基于大数据的数字资源建设、管理与应用的新思路、新模式。

三、建构生态型在线教育体系，保障全民教育质量

绿色在线教育体系建构为的是实现生态型在线教育体系。因为绿色在线教育体系特征与生态型在线教育体系特征相互渗透，彼此包含，所以绿色在线教育体系是生态型在线教育体系，发展绿色在线教育体系就是发展生态型在线教育体系。生态型在线教育体系是将生态文明、自然保护与在线教育体系建构的责任、行为进行融合，在建构过程中主动践行生态型治理方式的在线教育发展模式，它以生态平衡为根本价值取向，以实现人与技术的和谐发展为根本目标，是当代在线教育发展绿色文明的新趋势。由于学习者的变化、技术的发展、学习形式的不断革新等因素，“变革”将成为未来在线教育系统最核心最关键的概念，在期待“优质”学习成果的同时应建立标准或评估体系以保障质量，适时引导变革与创新，以确保在线教育过程的良性循环。①

首先，要做好在线教育平台运作的资质审核。在线教育机构行政审核是关键。应按照“线上线下、统一管理”的原则，明确法律性质，对培训机构利用互联网技术在线实施教育、培训活动应当符合国家互联网管理有关法律、行政法规的规定。在具体实施过程中也要考虑到在线教育的特征，比如在线教育没有校址场地，因此也无须面积、消防方面的硬件要求。其对管理制度、师资条件、培训行为等方面的保障措施也不同于实体培训机构的办学许可，可利用信息化手段，搭建网上审核的通道。

其次，要保证在线教育平台办学质量，在线教育办学质量是监管内容的核心。从教育服务提供者的角度看需要建立三方面的制度。教学人员资质需遵守相关的法律法规，办学人员资质必须在网上得以公示。教育教学质量保障

① 金慧、兰丽宁：《创建优质的开放教育资源：质量保障和评估——访国际开放与远程教育协会秘书长嘉德·泰斯托泰》，《远程教育杂志》2015 年第 5 期。

需要建立课程体系备案和评估制度。在线教育机构知识产权保护应参照相关法律法规进行相应的规范,维护在线教育市场秩序。

最后,在线教育平台需要多部门联合监管,在线教育的监管是建构在线教育体系,实现全民终身学习的保障。要建立多部门协同联动的监管机制:教育部门负责统筹协调,监督学校落实主体责任;网信、工信部门重点做好教育移动互联网应用程序提供商、APP 商店服务提供商、移动终端制造商的监管工作等。同样让在线教育平台进行多方面良性贯通,在线教育良性贯通是对教学的促进,这包括三个方面:教育理念与新兴技术的贯通、教育体系内和体系外的贯通、线上和线下的贯通。

四、建构智慧型在线教育体系，满足全民学习需求

绿色在线教育体系的建构为的是实现智慧型在线教育体系。绿色在线教育体系和智慧型在线教育体系的契合点是强调技术创新,机构整合和部门协同,所以说绿色在线教育体系也是智慧型在线教育体系。智慧型在线教育体系是指利用物联网云计算、移动互联网、人工智能、数据挖掘、知识管理等技术,提高在线教育的教学、监管、服务等的智能化水平,形成高效、敏捷、便于学习者学习的新型在线教育新方式。建构智慧型在线教育体系是贯彻和落实我国信息化发展战略的重要举措,可以提升在线教育的执行能力,促进学习者的终身发展。

首先,在线学习系统是基于特定教育教学需要,利用学习平台功能所建构的在线教学环境。学习平台功能的多样性与各类在线教学的差异性形成了多样的在线学习系统。多样的在线学习系统在满足在线教学个性化需求的同时,带来了“不一体”问题,各在线学习系统相互独立,形成了一座座信息与资源的孤岛,也带来了“不终身”问题,学习者各阶段学习记录与学习成果难以衔接,学习数据难以终身化。我们身处智能时代、身在学习型社会,应该顺势而为,建构既能满足各类教育个性化的在线教学需求,又能实现各类教育终身

一体的在线学习系统。

其次，建立整合的、协同的数据系统从而满足学习者的个性化需求。为了使学习适应不同学习者的认知结构，就应该创造吸引学习的环境与系统，以此来激发学习者的学习动机。在线教育从信息资源库的建立到信息的传播通道以及传递到学生学习的终端，都在根据不同年龄段的学习者在接收信息的便利与否方面和认知结构的差异因素等方面对教学过程、教学媒体进行设计、开发、利用，使其不仅适应于不同层次的学历教育，更多的是适应于非学历教育和继续教育。①

最后，建构完善的在线教育体系。在学习者学习能力方面，应有效激发学习者的自主学习能力，培养学习者终身学习的意识。在线学习是目前一种应用较为广泛的远程教学形式，在丰富的数字化资源以及各类学习支持系统的支持和辅助下，在线学习者能够灵活调整和控制自己的学习活动和学习过程，充分发挥学习者的自主性。学习者在开放自主的学习环境下，能够主动参照教学目标的要求和教学内容的知识网络模型特点，依据自己的学习需求，选择合适的自主学习策略、组织自己的学习活动。在线教学中依据教学内容知识网络特点设计合理的教学活动，有效应用信息技术实现个性化的教学内容信息推送，会促进在线学习者的学习效果和学习效率。②

① 杨改学:《三种学习理论与现代远程教育》,《中国远程教育》2003 年第 23 期。

② 曹良亮:《在线学习中学习路径分析及学习行为特点研究》,《中国远程教育》2014 年第 4 期。

后　　记

2020年年初新冠肺炎疫情暴发之际，广大人民群众同舟共济、众志成城，打响了一场没有硝烟的疫情阻击战。不过，疫情暴发后采取的管控措施也带来诸多负面影响，尤其使我国现有的教育体系受到严重冲击，而在线教育体系的"临危受命"尽管取得了一定成效，但也存在诸多问题需要解决。党的十九届四中全会特别指出要"构建服务全民终身学习的教育体系"。作为传统教育体系的重要补充，在线教育体系具有顽强的生命力，能够在复杂环境下满足人民群众日益增长的教育需求，因而发展完备的国家在线教育体系迫在眉睫。当前，教育供给存在不足，教育公平有待增强，群众在教育方面还面临难题，构建服务全民终身学习的在线教育体系为推进教育现代化提供了方向指引。"服务全民"，就是教育要面向全体人民，体现公平性。"终身学习"，就是教育要覆盖人的整个生命周期，体现持续性。为了实现这一目标，必须与时俱进，依托互联网平台打造全新的国家在线教育体系，进一步彰显教育的公平性和持续性，使广大人民群众"学有所教、人人出彩"。

本书作为南通大学钱小龙教授主持的2020年国家社科基金一般项目"全民终身学习视野下的国家在线教育体系发展研究"(20BSH053)的阶段性成果，在写作过程中对我国在线教育体系构建的现状、问题、目标和内容进行了全面细致的分析，为构建服务全民终身学习的高质量在线教育体系提供了实践指导。因此,本书的价值在于:第一,有助于贯彻和落实党的十九届四中全会精神,促进教育制度的现代化和教育体系的人性化;第二,有助于在线教育平台的科学管理和健康发展,进而为打造真正服务全民终身学习的在线教育体系提供支持;第三,有助于创建成熟的在线教育配套支持机制,营造良好的全民终身学习氛围,更好地满足人民群众日益增长的教育需求。

本书在写作过程中得到了南通大学教育科学学院领导的大力支持和帮助,并且直接承担了规定的项目研究任务,为本书的顺利完成奠定了坚实的基础。钱小龙教授作为项目的主持人,负责项目研究的推进和主要写作任务,协调安排相关研究人员参与该书的部分章节写作、统一写作风格和格式规范,并统审全稿。王灿明教授在整体框架设计、文献收集与整理等方面提供了许多建设性的意见。黄蓓蓓博士在写作思路、研究方法运用等方面进行了指导。绪论由钱小龙、周晓璐、黄蓓蓓执笔;第一章由钱小龙、俞春燕执笔;第二章由钱小龙、包曼倩、钱朱银执笔;第三章由钱小龙、张蕾、谢玲玲执笔;第四章由钱小龙、仇江燕、桑黎明执笔;第五章由钱小龙、王玉香执笔;第六章由钱小龙、何甜、韩云云执笔;第七章由钱小龙、崔洋、王玉香执笔;第八章由韩云云、陈瑞瑞、李丁钰、张蕾执笔。参与研究的人员还包括黄新辉、王周秀、蔡琦等。钱小龙初审了全稿,韩云云负责全书的校对、修改和编辑工作。在本书的写作过程中,我们参阅了国内外不少学者的研究成果,尤其是在案例研究中引用了相关大学的网站信息,对所有使用的文献资料我们都一一做了标注,但也可能有所疏漏,内容上如有任何不当之处,敬请读者批评指正,在此一并表示诚挚的感谢。

在本书的编写和出版过程中,得到了人民出版社领导的大力支持和帮助,在此表示深切的谢意,特别感谢人民出版社经济与管理编辑部主任郑海燕编审,她在本书的编辑和出版过程中付出了辛勤的劳动,提供了非常细致和周到的服务,为本书的按期出版贡献了自己的智慧。

著　者

2021 年 10 月